आत्म सारांश

OrangeBooks Publication

Smriti Nagar, Bhilai, Chhattisgarh - 490020

Website: **www.orangebooks.in**

© Copyright, 2023, Author

All rights reserved. No part of this book may be reproduced, stored in a retrieval system, or transmitted, in any form by any means, electronic, mechanical, magnetic, optical, chemical, manual, photocopying, recording or otherwise, without the prior written consent of its writer.

First Edition, 2023

आत्म सारांश

पूजा साँवरिया

OrangeBooks Publication
www.orangebooks.in

लेखक परिचय

इस पुस्तक की लेखिका पूजा गोयल एक सामान्य गृहिणी हैं, परन्तु उन्होंने इससे पहले समर्पण नामक पुस्तक को हम सभी के बीच प्रस्तुत किया है। इस पुस्तक की लेखिका कृष्ण भक्त हैं और उन्होंने यह पुस्तक भगवान कृष्ण को समर्पित की है, वह उत्तर प्रदेश के अलीगढ़ शहर की रहने वाली हैं और एक प्रतिष्ठित व्यवसायी परिवार से ताल्लुक रखती हैं। उनका उद्देश्य इस किताब से कोई पैसा कमाना नहीं है, वह अपने जीवन में उन बच्चों के लिए कुछ करना चाहती है, जो अपने माता-पिता को नहीं जानते हैं, जो शारीरिक रूप से असहाय हैं। आशा है कि आप सभी को यह पुस्तक उसी तरह पसंद आएगी जैसे आपने उनकी पहली पुस्तक की सराहना की थी।

पूजा साँवरिया

फोन न. 9719103780, 9720168806

ईमेल : sawariyaa.pooja@gmail.Com

वेबसाईट : www.poojasawariya.online

पता: वैष्णो बाँकनेर अपार्ट्मन्ट, मैरिस रोड,
अलीगढ़, उत्तर प्रदेश, 202001

अनुक्रमणिका

एक ग्रहणी की कलम से IX

शुभकामना संदेश XI

प्रथम पुस्तक समर्पण के अनावरण एवं सम्मान के कुछ अविस्मिरणीय क्षण XIV

शक्ति क्या है 1

जिंदगी के पन्ने 4

वक्त दे जरा 6

सरहद 8

पिता 11

मीत तुम कहां गए 13

शिव गणेश संवाद 15

मां 17

धुंध 19

चौकीदार चोर है 20

मानसिक वेदना 23

ऐ परिंदे 26

एक ख्वाब सजाया 27

साजन 28

मन के अक्स 29

बाँसुरी 31

सम्पूर्ण जीवन 32

दो किनारे 34

कुदरत 36

बचपन की यादें 38

प्रेरणा	39
एकता में शक्ति	40
कृष्णा कर्ण संवाद	41
शादी एक जुआ	43
रिफ्यूजी	44
नन्ही कली	46
सत्ता	47
अनाथ	49
मन के गलियारे में	51
गीत	52
नदियां की धारा	54
कृष्णा	55
बारिश की बूँदे	56
अधूरी कहानी	57
अधूरी कल्पना	58
मां तू है कहां	61
साजन	62
कर्म की गठरी	63
सवाल अधूरा	65
गुमनाम जिंदगी	66
प्रेम कहानी	67
फना	69
कृष्णा	70
हारा हुआ हूं राही	72
विचलित मन	73
रैन बसेरा	75
तन्हा जीवन	76

जीवनसाथी	77
सूनी दुनिया	79
लकीरें	80
बलात्कार (आत्मा पर एक प्रहार)	82
प्रेम की बेड़ियां	85
सपनो की दुनिया	86
मेरे जीवन के दर्पण हो तुम	87
एक खत प्रियतम को	88
शिकायते ऐ जिंदगी	89
जीवन साथी	90
ऐ सूरज	92
अधूरी दास्तान	94
घायल पंछी	95
सूखी नदियां	97
जीवन ज्योति	98
खामोश जिंदगी	99
मुसाफिर	100
नदियां की धारा	102
कृष्णा	103
सपनों की दुनियां	104
सतरंगी खबाब	105
रेशमी डोर	106
लाल मेरे	108
राधे	109
उम्मीदों की डोर	110
मुस्कान ही जिंदगी है	111
मन की बात	112

विश्वास की ज्योति	113
कुलदीपक	114
तेजाब एक धुआं	116
प्रेम की ज्योत	118
जीवन की गोधूली	120
जिंदगी जी ले ज़रा	122
पायलट की उड़ान	123
अनजान राही	124
मुसाफ़िर चलते जाना	126
आसमां	127
दो पल की है जिंदगी	129
कवि क्यों कविता करते हो	130
क्षमा करो इस जग को नारी	131
छोटा सा आशियाना	132
रिश्तों की बगिया	133
मायका	134
पुनः बचपन को जी ले	135
लम्हें	137
मन के झरोखों में	138
वजूद	139
पल दो पल	141
आक्रोश	142
बेजुबान	144
जिंदगी के पन्ने	146
महफूज साया	147
नैना मेरे रिमझिम बरसे	148

एक गृहिणी की कलम से

सर्वप्रथम कृष्णा जी के चरणों में नमन!

मेरा नाम पूजा गोयल है, मैं भी अधिकांश महिलाओं की तरह एक साधारण गृहिणी हूँ, मैं अलीगढ़ ज़िले के एक प्रतिष्ठित ऑटोमोबाईल्स ग्रुप जट्टारी ग्रुप से ताल्लुक़ात रखती हूँ। मैं कान्हा जी में विश्वास रखती हूँ और सब कुछ उन्हीं पर छोड़ देती हूँ, उन्हीं की कृपा से जब मैंने अपनी पहली पुस्तक "समर्पण" को लिखा था तो मुझे ये पता नहीं था कि कोई इस पुस्तक को पढेगा भी। समर्पण की वजह से मुझे कई बार सम्मान मिला, जिसके लिए मैं कृष्णा जी की बहुत आभारी हूँ।

इस पुस्तक को भी में कान्हा जी के चरणों में समर्पित करती हूँ। इस पुस्तक में मैंने कुछ ऐसे अनछुए पहलुओं पर लिखा है जिनके बारे में शायद कोई बात भी करना पसंद नहीं करता है। हो सकता है कि मेरे किन्ही शब्दों से किसी को मन में पीड़ा पहुँचे, तो में उसके लिए क्षमाप्रार्थी हूँ। मेरा उद्देश्य किसी को पीड़ा देना नहीं है, मैं बस उन दुखों को कुछ कविताओं के माध्यम से लिख रही हूँ, शायद एक भी व्यक्ति अगर इससे सबक़ ले तो मेरा लिखा हुआ पूर्ण हो जाएगा।

मेरे इस कार्य में मेरे परिवार के सभी सदस्यों का बहुत बड़ा सहयोग रहा है उन्होंने मेरी इस पुस्तक को बनाने के लिए पूरी तरह सहयोग दिया है। मेरे पति नीरज गोयल जो कि एक व्यापारिक व्यक्ति होने के साथ साथ एक सामाजिक व्यक्ति भी हैं, मेरी बेटी कशिश गोयल बी ए तृतीय वर्ष मिरांडा कॉलेज (दिल्ली यूनिवर्सिटी) की छात्रा है, मेरा बेटा कार्तिक गोयल 9th कक्षा का छात्र है, इस पुस्तक को बनाने में मेरे बेटे कार्तिक ने बहुत मेहनत की है वो अभी मात्र चौदह साल का है लेकिन उसने मेरी पहली पुस्तक समर्पण और इस आत्म सारांश को बनाने में पूरा सहयोग किया है।

यहाँ पर अगर मैं अपने पिता तुल्य ससुर जी श्री रमेश चंद गोयल जी का नाम न लूँ, तो शायद गलत होगा, वो ही पहले व्यक्ति हैं जिन्होंने मुझे सबसे पहले प्रोत्साहित किया कि मैं अपनी लिखी कविताओं को एक पुस्तक का रूप दूँ और खुद आगे आकर मेरी पहली पुस्तक समर्पण का सारा खर्च उठाया।

मैं इस पुस्तक के माध्यम से सभी महिलाओं से कहना चाहती हूँ कि प्रत्येक महिला में कोई ना कोई गुण या शौक़ अवश्य होता है,आप भी अपने शौक़ को लेकर आगे बढ़ें अगर आप के शौक़ से किसी एक व्यक्ति की जिंदगी को दिशा मिलती है तो समझो आपने कान्हा जी का दिया हुआ काम पूरा कर दिया।

अंत में, मैं बस अपने उस संकल्प को फिर से दोहराना चाहती हूँ कि इन पुस्तकों से आने वाली आय को मेरे और मेरे परिवार के द्वारा सिर्फ़ उन अनाथ और बेसहारा बच्चों के ऊपर खर्च किया जाएगा जिन्हे इसकी सबसे ज्यादा जरूरत होगी।

मेरे लिखे किसी भी शब्द से अगर किसी को कोई पीड़ा होती है तो मैं एक बार फिर से क्षमाप्रार्थी हूँ, मेरा उद्देश्य किसी की भावनाओं को ठेस पहुँचाना नहीं है।

धन्यवाद

पूजा गोयल (साँवरिया)

-: शुभकामना संदेश: -

रमेश चंद्र गोयल
चेयरमैन
जट्टारी ग्रुप ऑफ ऑटोमोबाइल्स
साराय रहमान जी.टी रोड अलीगढ़
मोब - 9719103788

कृष्णा जी के चरणों में नमन करते हुए मैं पूजा गोयल को बहुत बहुत शुभकामनाएँ प्रेषित करता हूँ। ये बहुत ही ख़ुशी की बात है कि जट्टारी परिवार की बहू की दूसरी पुस्तक आत्म सारांश बहुत शीघ्र प्रकाशित होने जा रही है। समस्त जट्टारी परिवार आपकी सफलता की कामना करता है और आशा करता है कि आपकी ये पुस्तक नये कीर्तिमान स्थापित करे।

अशोक चौधरी
संरक्षक
स्वामी परमानंद आश्रम (लाल मंदिर) ट्रस्ट समिति
श्री देवतीर्थ फ़ाउंडेशन (रजि०)
बृजघाट (गढ़मुक्तेश्वर)
मोब - 99270 28809

मेरी बिटिया, पूजा साँवरिया द्वारा पूर्व प्रकाशित कविता संग्रह 'समर्पण' ने मुझे भावों से भर दिया था। समर्पण को पढ़कर जाना कि बिटिया का मन और मस्तिष्क किस सीमा तक भावनाओं एवं संवेदनाओं से भरा हुआ है। अब ज्ञात हुआ है कि वो अपनी दूसरी पुस्तक 'आत्म सारांश' को प्रकाशित करने जा रही है, मुझे पूर्ण विश्वास है कि इस पुस्तक में भी मानवीय संवेदनाएँ एवं जीवन के रंगों की बेहतर प्रस्तुति होगी। पूजा को मेरी तरफ़ से उसकी नयी पुस्तक के प्रकाशन के लिए बहुत बहुत शुभकामनाएँ, बहुत बहुत आशीर्वाद! मैं और मेरा पूरा परिवार उसके उज्ज्वल भविष्य की कामना करते हैं!!

प्रज्ञा गुप्ता,
न्यू शिवपुरी, गड्डा फैक्ट्री, हापुड़
मोब - 9456055604

When I first came to know about the publication of "Aatm Saransh", I knew it would hold precious words in its treasure of profound wisdom. I cannot, therefore, wait to journey into its wonders and learn the lessons that would last with me forever. Going through her first book, I realized that the author is one of us, someone who has the courage to dream and put her years of hard work in the hands of people to read, appreciate and even criticize. One may wonder if the book revolves around divinity as the first look of it suggests. But such is the beauty of the book that it brings together all the elements of life, friendship, struggles, bravery and entwines them with spirituality. As her second book is all set to touch people's hearts, I pray for its success while it celebrates the eloquence of the author.

Pragupta

श्रीमती अर्चना गुप्ता
प्रोफेसर
एस.एस.वी कॉलेज, हापुर
मोब - 6395920876

अपनी प्रथम पुस्तक 'समर्पण' में पूजा सांवरिया ने हमारा परिचय जीवन के विभिन्न रंगों से कराया है। एक ओर उनकी लेखनी कृष्ण भक्ति के माध्यम से हमें आध्यात्म की ओर ले जाती है वहीं दूसरी ओर वेश्यावृत्ति पर उनकी लेखनी हृदय को झकझोर देती है। उनकी नई रचनाओं का संकलन 'आत्म सारांश' शीघ्र प्रकाशित होने जा रहा है। मुझे पूर्ण विश्वास है कि इस पुस्तक में उनकी लेखनी अधिक प्रखर होगी। पूजा सांवरिया को उनकी पुस्तक आत्म सारांश की सफलता के लिए अनंत शुभकामनाएं।

Archana

श्रीमती संतोष गर्ग
माताश्री पूजा साँवरिया

पूजा बेटी की प्रथम पुस्तक 'समर्पण' का प्रकाशन मेरे लिए गौरव का पल था। उस पुस्तक में उसने जीवन के अनुभव तथा ह्रदय के भावों को इतने सहज और सरल शब्दों में रचा है कि उसने मेरे दिल को छू लिया। पूजा बेटी की दूसरी पुस्तक 'आत्म सारांश' प्रकाशित हो रही है। मेरी ईश्वर से प्रार्थना है कि वह इस पुस्तक को सफलता के नए आयाम प्रदान करें जिससे अनाथ बच्चों को शिक्षित करने के उसके संकल्प में अधिक से अधिक योगदान हो सके।

संतोष

श्री नीरज गोयल
मैनेजिंग डाइरेक्टर
जट्टारी ग्रुप ऑफ ऑटोमोबाइल
सराय रहमान जी.टी रोड अलीगढ़
मोब - 9719103780

सर्वप्रथम कान्हा जी के चरणों में नमन:-

"आत्म सारांश" नाम से ही पता चलता है कि ये किसी की अपने अंदर के भावनाओं का संग्रह हो सकता है, इस पुस्तक में कुछ ऐसी भावनाएं हैं जिन्हें पढ़कर मैं अंदर तक हिल गया था, इस पुस्तक में हमारे समाज में महिलाओं पर होने वाले अत्याचार जिसमें बलात्कार, तेज़ाब, मानसिक वेदना को प्रमुखता से दर्शाया गया है। किन्नरों को समाज में स्थान नहीं मिलता है, इस विषय पर भी अपनी भावनाएँ कविता के माध्यम से उकेरी गयी हैं। हमारे फ़ौजी भाई अपने घर परिवार को छोड़कर बॉर्डर पर दिन रात एक करके हमारी सुरक्षा करते हैं, उसकी जो व्याख्या कविता के माध्यम से की है वो मेरे दिल के बहुत क़रीब है। हमें नहीं मालूम कि आपको ये पुस्तक कैसी लगेगी लेकिन अगर सच में आपको इस पुस्तक की एक भी रचना अच्छी लगे तो उसे ज़रूर शेयर करें क्योंकि ये पुस्तक किसी कवि के द्वारा ना तो लिखी गई है और ना ही इसका प्रकाशन किसी पेशेवर तरीक़े से किया जा रहा है। इस पुस्तक को लिखने वाली मेरी जीवनसंगिनी पूजा गोयल को मैं ह्रदय की गहराइयों से शुभकामना देता हूँ और कान्हा जी से यही प्रार्थना करता हूँ कि पूजा को अपने जीवन का हर वो सुख मिले जिसकी वो हक़दार है। एक बार फिर से मैं पूजा को इस आत्म सारांश पुस्तक के प्रकाशन के लिए बहुत बहुत बधाई देता हूँ और जिस जिस ने भी इसको पुस्तक का रूप देने में सहयोग किया है, उन्हें तहेदिल से धन्यवाद प्रेषित करता हूँ।

प्रथम पुस्तक समर्पण के अनावरण एवं सम्मान के कुछ अविस्मिरणीय क्षण

पूजा सांवरिया की पुस्तक 'समर्पण' का लोकार्पण

23 फरवरी, 2023

पूजा सांवरिया की पुस्तक 'समर्पण' का मनोज अलीगढ़ी ने किया लोकार्पण

पूजा सांवरिया की पुस्तक समर्पण का किया लोकार्पण

पूजा सांवरिया की पुस्तक समर्पण का मनोज अलीगढ़ी ने किया लोकार्पण

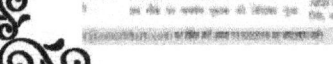

शक्ति क्या है

शक्ति को जानना समझना नामुनकिन है, शक्ति को हम ईश्वरीय रूप मानते है जो इस सृष्टि को चला रही है, जिनके हाथों में सबके जीवन की बागडोर है, हम तो मात्र कठपुतली है और कुछ नहीं, ईश्वर ने सब कुछ अपने हाथों में रखा है। जीवन-मृत्यु से लेकर हमारे हर पल की भागदौड़ सब अपने हाथों में रखी है, कब सर्दी गर्मी होंगी, कब बादल बन नीर बरसेगा, कब दिन कब रात होगी, कब सुनामी की लहरें आयेगी, कब तूफान आयेगा, सब ईश्वर के हाथों में है।

शक्ति, जिसे हम ईश्वर कहते है हमने उस शक्ति को अनंत नाम दिये हैं, कोई कृष्णा, कोई शिव, अल्हा आदि नामों से पुकारतें हैं, सच तो यही है ईश्वर एक रूप अनेक है।

अगर किसी से पूछा जाये, आपने ईश्वर को देखा है तो सबका जबाब ना ही होगा,

किन्तु अगर आप मन से देखें तो ईश्वर सर्वत्र विधमान है।

आप देखें और महसूस करें, ईश्वर प्रकृति में विद्यवान् है फिर यह प्रकृति क्या है? ईश्वर का रूपक ही तो है। भगवान को भांपने का जरिया है। भगवान शिव की जटाओं से गंगा निकलती है, वह प्रकृति ही तो है। देव पर्वतों पर रहते हैं। पर्वत प्रकृति ही तो है। जंगल से नाना प्रकार की वनस्पतियां और धरती से अन्न-अनाज की प्राप्ति होती है। वह अन्नपूर्णा प्रकृति ही तो है। साफ है, इस मृत्युलोक और परलोक के बीच ईश्वर का साक्षात एहसास प्रकृति है। वह हर क्षण ईश्वर के होने का प्रमाण देती है।

गीता में भी भगवान कृष्ण ने कहा है, ईश्वर अर्थात मैं प्रकृति हूँ और मानव प्रकृति की लहरें हैं।

सूरज, चन्द्रमा, तारे ये सब प्रत्यक्ष ईश्वरीय शक्ति रूप हैं इनके बिना मानव जीवन संभव नहीं है मानव शरीर भी पंचतत्वो (जल, अग्नि, वायु, आकाश और पृथ्वी) से मिलकर बना है। शक्ति के इस रूप को कविता के माध्यम से आपके समक्ष रख रही हूँ, उम्मीद है आपको पसंद आएगी।

शक्ति क्या है,

कैसे पहचानें ईश्वर तुमको,

कैसे जाने ईश्वर तुमको?

देखो मुझको मन की आँखों से,

हर पल तेरे पास ही हूँ मैं,

हर क्षण तेरे साथ ही हूँ मैं।

देखो मुझकों घने बादलों में,

जो रिमझिम कर बरसते हैं,

तुमको हरियाली और ठंडक देते हैं,

जो जीवन का हर सुख देते है।

महसूस करो मुझको, इन हवाओं में,

मैं शीतल हवा का झोंका हूँ।

मैं सबको जीवन देता हूँ,

मेरे बिना ना जीवन संभव।

देखो मुझको धरती- पर्वत में,

ना जाने कितनी जड़ी बूटी है मेरे अंदर,

कितने खाद्य पदार्थ भी है मेरे अंदर।

देखो मुझको सूरज के प्रकाश में,

मेरे बिना ना संसार खिलेगा,

चारों तरफ़ अंधकार ही होगा,

देखो मुझको चाँद- तारों में,

धरा को अपनी अद्भुत रोशनी से रोशन करता।

मैं हूँ नदियों और सागर में,

शिव की जटाओं से जो निकलकर,

पूरे संसार को देती जल है,

मेरे जल बिन जीवन कैसे संभव।
ऐ! मानव मेरे जल बिन तेरा जीवन अधूरा,
देखो और महसूस करो,
पाओगे सदा अपने पास मुझे।
मैं एक शक्ति हूँ,
हर पल तेरे साथ ही रहती हूँ,
जीवन से मृत्यु तक की दूरी को तय करती हूँ,
मेरे ही पंचतत्वो से बनी ये देह तेरी,
मैं तेरी देह में निरंतर तेरे साथ ही रहती हूँ।

तेरे हर सुख दुःख में,
तेरा हाथ मैं थामे रहती हूँ।
देखोगे मन की आँखों से,
पास ही अपने पाओगे।
जीवन के अंतिम पथ पर,
सच में होंगे मेरे दर्शन,
तुम भव से पार पा जाओगे।

जिंदगी के पन्ने

इतने रंगो से सजे हैं ज़िंदगी के पन्ने,
कभी सफेद, कभी काली स्याही से रंगे है, ज़िन्दगी के लम्हें।
कभी धूप सी खिलती है ये ज़िन्दगी,
कभी गम के अंधेरे में डूब जाती है ये ज़िन्दगी।
ये ज़िन्दगी है साहब किसी के लिए नहीं रुकती,
बस यादों का कारवां छोड़ जाती है ये ज़िन्दगी।
कभी किसी का प्यार सुकून दे जाता है,
तो कभी किसी का साथ ताम्र का गम दे जाता है।
कोई बहुत कुछ कहकर भी कुछ नहीं कहता,
तो कोई अनकहे लफ़्ज़ का गुलदस्ता छोड़ जाता है।
ये ज़िन्दगी है साहब किसी के लिए नहीं बदलती,
बदल जाते है तो बस हालत और हालात।
कही खुशियों की बदली है छाई,
कही, दुखों की काली घटा है आई,
कोई कांटों पर भी साहब सुकून से सो रहा है,
कोई नर्म बिस्तर पर भी बेबस रो रहा है।
ये जिंदगी है साहब किसी को नहीं बक्शती,
लेती है अनंत परीक्षा जीवन की,
कभी तितली बन उड़ती है जिंदगी,
कभी बंद पिंजरे में घुटती है ये ज़िन्दगी,
कभी बिंदास है ये ज़िन्दगी,
तो कभी बेबस लाचार है ये जिंदगी।
ये जिंदगी मदारी है साहब,

अपनी उंगली पर सबको नचाती हैं।
हर रंग उम्र का कुछ कहता है,
मीठे कड़वे अनुभव को यूं कहता है,
काला रंग जवानी को जीता है,
श्वेत रंग बुढ़ापा बन आसुओं को पीता है।
ये जिंदगी है साहब अनुभव दे ही जाती है,
खट्टी मीठी यादों का कारवां दे ही जाती है।
सबको उड़ जाना होता है एक दिन, तस्वीर से रंग की तरह,
किसी की जिंदगी रंगीन स्याही से लिखी होती हैं,
तो किसी की कोरे कागज सी ज़िंदगी होती हैं साहब।
ये जिंदगी है साहब लिहाज नहीं करती,
हर पल का हिसाब लेती है ज़िंदगी,
इतने रंगो से सजे हैं ज़िंदगी के पन्ने,
कभी सफेद, कभी काली स्याही से रंगे है, ज़िन्दगी के लम्हें।

वक्त दे जरा

थक गयी हूँ मैं मुसाफ़िर,

ज़िंदगी तू थम ज़रा;

हार चुकी हूँ मैं खुद से,

ज़िंदगी तू वक्त दे ज़रा;

रूठी है क़िस्मत मुझसे,

थम गया है वक्त मेरा;

मन आज द्रवित है मेरा,

छिन्न हुई है शक्ति मेरी।

जानती हूँ! मैं हूँ एक मुसाफ़िर,

आज हूँ और कल नहीं,

फिर भी क्यू वक्त के प्रवाह में,

बह सा गया है मन मेरा,

थम गयीं है धड़कन मेरी;

मन मेरा सहमा हुआ।

जानती हूँ! मैं हूँ एक मुसाफ़िर,

आज हूँ और कल नहीं;

जानती हूँ, मैं वक्त की रेत में मैं मिल जाऊँगी,

वजूद मेरा मिट जायेगा,

बस कभी थीं मैं, यही रह जायेगा;

फिर भी क्यू कुंठित है मन मेरा,

जानती हूँ! मैं हूँ एक मुसाफ़िर,

आज हूँ और कल नहीं...

जीवन के नदी नाले,

सभी मुझे है पार करने,
हर परीक्षा मुझे अकेले ही देनी,
हर भँवर मुझे ही पार करना,
हर सफ़र पर मुझे है चलना,
जानती हूँ मन ये मेरा,
फिर भी क्यू डरा है मन ये मेरा;
जानती हूँ। मैं हूँ एक मुसाफ़िर,
आज हूँ और कल नहीं...
जानती हूँ। उलझन भरा ज़िंदगी का सफ़र है,
हर राह मुश्किल मंज़िल कठिन है,
दुर्गम पथ और जीवन संघर्ष है;
जानती हूँ सब मैं ये,
फिर भी मन बेचैन क्यू है, फिर भी मन बेचैन क्यू है,
जानती हूँ। मैं हूँ एक मुसाफ़िर,
आज हूँ और कल नहीं।

आत्म सारांश

सरहद

सरहद पर रहने वाले हर सिपाही,
तेरे जसवे की गाथा गाती हूँ।
तेरी हर कुर्बानी के आगे, मैं नत मस्तक हो जाती हूँ।
जो खुद मर मिटकर हमें जीवन दे,
उस त्याग की गाथा गाती हूँ।
मातृछाया में जो अपना जीवन अर्पण कर दे,
उस समर्पण की गाथा गाती हूँ।
खुद बंजर जमीं में तपकर के,
जो हमें छाया दे, उस अर्पण को शत शत नमन मैं करती हूँ।
तेरे सब अरमान है बस मिट्टी, तेरा जप तप सब है ये मिट्टी,
इस मिट्टी का तिलक लगा कर तू जन्नत को जीना चाहता है।
अपने हर अरमान को, इस धरा पर तर्पण करता है।
बर्फ़ीली हवाओं में भी जो सुख का अनुभव करता है।
रहे दुश्मन से सुरक्षित धरती माँ, तू हर गम को हँस कर सहता है।
आये जो चट्ठी तेरे घर से, बस यही पैगाम तू देता है॥

संदेश एक माँ का॥

ऐ पुत्र मेरे!!
तेरी माँ तुझे फिर से अपने आँचल में लिटाना चाहती है,
बचपन की कुछ यादें,
फिर से ताज़ा करना चाहती है!
बस यही संदेश है मेरा माँ!
आता हूँ, जरा ठहरो माँ!
जिस मिट्टी में मैंने जन्म लिया,

अभी उसका कर्ज चुकाना बाकी है।
उसकी रक्षा के लिए,
अभी सीने पर गोली खानी बाकी है,
गर बचा जो जीवन शेष मेरा,
मैं भी तेरी छाँव को पाना चाहता हूँ,
तेरी ममता का हर सुख मैं फिर से लेना चाहता हूँ।

संदेश एक पिता का!

बेटा! अब तेरा बूढ़ा बाप, हर जिम्मेदारी से मुक्ति चाहता है।
अब जीवन के ढलते दिन, तेरे साथ बिताना चाहता है।
ऐ पिता मेरे!
जिस मिट्टी ने आजीवन बोझ सहा मेरा,
उस मातृभूमि के लिए, अपने फ़र्ज मैं पूरा कर आता हूँ।
गर बचा जो जीवन शेष मेरा, उसको मैं तुम्हें वापस लौटाता हूँ।

अब संदेश एक बहन का!

ऐ भाई मेरे!! कब से है कलाई सूनी तेरी,
कब से ना गले लगाया है,
रक्षा का दिया था वचन जो तूने मुझे,
अभी उसका भी धर्म निभाना बाक़ी है।
याद मुझे है सब मेरी बहना,
मातृरक्षा का भी दिया वचन है मैंने,
अभी उसको भी पूरा करना बाकी है,
उठी निगाहेंजो मेरी मिट्टी पर -२
उस दुष्ट को मिट्टी में मिलाना अभी बाकी है।
गर बचा जीवन शेष मेरा,
हर राखी का फ़र्ज निभाऊंगा,

पूरा जीवन तेरी ढाल मैं बन जाऊंगा।

अब संदेश एक पत्नी का!!

ऐ मेरे प्रियतम,

तेरे बिन जीवन सूना मेरा है,

हर बसंत में भी पतझड़ के जैसा लगता है।

कब आओगे पिया? तुम दर मेरे,

मिलन को व्याकुल है तन मेरा,

हर बारिश की बूंदों में, इंतजार मुझे है बस तेरा।

ऐ मेरी प्रेयसी!!

तेरे हर संदेश से व्याकुल हो उठता है मन मेरा,

पर जिस धरती माँ ने,

मुझे अपने आँचल की छाँव दी, अभी उसकी भी लाज रखना बाकी है,

ना झुके शान तिरंगे की, अभी देनी उसके लिए कुर्बानी है,

गर बचा जो जीवन शेष मेरा, तेरे साथ मैं जीना चाहता हूँ।

तेरी हर ख्वाइश को मैं, अपने सिर माँथे रखना चाहता हूँ।

तब तक रखना ख्याल माँ पापा का, जिसने मुझे ये जीवन दिया,

मेरे लिए किया जो त्याग तूने, मैं सोच सोच इतराता हूँ।

तेरे हर समर्पण पर मैं अपना सर्वत्र लुटाता हूँ।

सरहद पर रहने वाले हर सिपाही, तेरे जसवे की गाथा गाती हूँ।

तेरी हर कुर्बानी के आगे, मैं नत मस्तक हो जाती हूँ।

नतमस्तक हो जाती हूँ ॥॥

॥जय हिंद, जय भारत॥

भारत माता की जय

॥बंदे मातरम्॥

पिता

मैं अकेला चल रहा हूँ, मेरे जनक तुम कहाँ गये,
मेरी दुनिया को सूनी कर, कहाँ गये तुम कहाँ गये तुम?
बादलों में छुप गये हो कैसे मैं खोजूँ तुम्हें?
तुम बिन ऐसे हूँ मैं, बिन जल मछली हो जैसे,
आ जाओ तुम मेरे तात , तुम बिन नहीं है मेरे प्राण,
मैं अकेला चल रहा हूँ मेरे जनक तुम कहाँ गये...
भीड़ भरी दुनिया में पिता तुम बिन कही खो गया हूँ,
नहीं मेरी कोई पहचान है जग में, क्षीण हुई शक्ति मेरी है,
चाँद तारो में छुप गये हो, कैसे मैं खोजूँ तुम्हें?
मैं अकेला चल रहा हूँ मेरे जनक तुम कहाँ गये...
तुम बिन कोई अपना नहीं जग में, कोई तुमसा प्यारा नहीं है जग में,
तुमसे थी पहचान जग में, तुमसे था वजूद मेरा,
आज तुम बिन मैं निराधार हूँ,
अनंत गगन में छुप गये हो कैसे मैं खोजूँ तुम्हें?
मैं अकेला चल रहा हूँ मेरे जनक तुम कहाँ गये...
आज कोई मज़बूत छत नहीं है सिर पर, रोने को कोई कन्धा नहीं है,
कहने को बहुत अपने है जग में, पर तुम सा कोई अपना नहीं है,
कुदरत में छुप गये हो, कैसे मैं खोजूँ तुम्हें?
मैं अकेला चल रहा हूँ मेरे जनक तुम कहाँ गये...
तिनका तिनका कर बनाया था जो आशियाना तुमने,
अब वो रेत सा ढहने लगा है,
मन भी अब बुझ गया है, जीवन अब बिखर गया है,
अनंत सागर में छुप गये हो कैसे मैं खोजूँ तुम्हें?

मैं अकेला चल रहा हूँ मेरे जनक तुम कहाँ गये...
धरती का कोना कोना निहारूं, कहाँ छुप गये हो तुम, कहाँ छुप गये हो तुम?
नीर बनकर बरस जाओ तुम, चाँद बनकर चमक जाओ तुम,
आकर मुझको गले लगा लो, आकर मुझको गले लगा लो...।

मीत तुम कहां गए

जीवन में सबसे अनमोल हर स्त्री के लिए उसका जीवनसाथी होता है। जब जीवनसाथी बिछड़ जाता है, तब एक स्त्री की मनोदशा क्या होती है, मैं एक कविता के माध्यम से प्रस्तुत करना चाहती हूँ। अभी मेरी प्रिय सखी ने अपने जीवन के अनमोल साथी को खोया है, तो मैं उनके लिए ये कविता समर्पित करती हूँ.....

मीत तुम कहाँ गये , मीत तुम कहाँ गये,
जन्मो के बंधन में बाँधकर मीत तुम कहाँ गये....

तेरी वो मीठी मीठी बतियाँ बहुत याद आयें मुझे,
अपनी यादों का गुलदस्ता देकर के तुम कहाँ गये, मीत तुम कहाँ गये.....

तेरे साथ हर दिन थी होली और हर रात दीवाली,
छीनकर सुकून मेरा प्रिय तुम कहाँ गये, मीत तुम कहाँ गये.....

तेरे साथ रंगीन थी दुनिया मेरी,
हर भोर उज्ज्वल और रात थी सुहानी,
रंगहीन कर मेरी दुनिया को साजन तुम कहाँ गये...

तेरा साथ था तो जीवन में छायी हरियाली थी,
पतझड़ में भी बसंत की ऋतु आयी थी,
कर पतझड़ मेरे जीवन को मितवा तुम कहाँ गये.....

मेरे जीवन का श्रंगार थे तुम, मेरी माँग की शोभा थे तुम,
सूनी कर मेरी माँग तुम कहाँ गये, मीत तुम कहाँ हुए.....

तेरा साथ था तो तनहाइयों में भी महफ़िल सजी थी,
मेरा जीवन तन्हा कर मीत तुम कहाँ गये.....

बहुत याद आती है हर पल तेरी,
तेरे बिना निर्जीव है ज़िन्दगी मेरी,
मुझे व्याकुल कर प्रिय, तुम कहाँ गये
मीत तुम कहाँ गये.....

तेरी साथ की नोक झोंक के पल हसीन पल थे मेरे,
खामोश कर मुझे मीत तुम कहाँ गये.....

मेरी हर मुस्कान पर फ़िदा था दिल तेरा,
मुझे रुलाकर प्रीत तुम कहाँ गये, मीत तुम कहाँ गये.....।

शिव गणेश संवाद

गणेश बोले हे पिता श्री,
मेरी माँ कितनी सुंदर दिखती है।
आप साथ उनके कितने भयंकर दिखते हो।
वो जग से न्यारी है माँ मेरी,
आप साथ उनके कुरूप दिखते हो।
क्यों धारण की ये मुंडमाला,
क्यों चिता भस्म लगायी है,
मेरी माँ अपूर्व सुंदरी है,
आप साथ उनके भयंकर दिखते हो....।

**पिताश्री, एक बार दया करो मुझपर,
अपने असली रूप को दिखाओ ना,**
माँ के संमुख अपने वास्तविक रूप में आओ ना।

मुस्काये शिव-शम्भू, बोले तेरी बात मै मानूँगा,
आज तेरी माँ के संमुख, अपने असली रूप में आऊंगा।
स्नान कर भोलेनाथ अपने असली रूप में आ गए।
जंटाये संवारे, बिना भस्म उनका रूप अलौकिक दिखता था,
अद्भुत सौंदर्य, छटा निराली,
देख के सौंदर्य शिव का गणेश जी घवरा गए।
मोहिनी रूप देख शिव का देवता भी अपलक हो गए!!
पिता की मनमोहक छटा देख, बोले शिवजी से गणेश,
क्षमा करो मुझको आप, अपने पूर्व स्वरूप में आओ ना,
अपने इस रूप को छोड़ कर पूर्व स्वरूप दिखाओ ना।
सुनकर बोले भोले नाथ,

क्यों पुत्र!!! तुम क्यों पुनः रूप बदलवाना चाहते हो?
मस्तक झुकाये बोले गणेश ---
क्षमा करो पिता श्री, माँ मेरी सबसे सुंदर है,
जग से न्यारी है, सबसे प्यारी है,
रूप माँ का आलौकिक दिखता है,
नहीं मैं चाहता मेरी माँ से कोई और दिखे सुंदर।
सुनकर वचन पुत्र के भोलेनाथ ने,
धारण किया पुनः पूर्व स्वरूप अपना।

*पौराणिक ऋषि इस प्रसंग का सार
स्पष्ट करते हुए कहते हैं ~
आज भी ऐसा ही होता है।
पिता रुद्र रूप में रहता है, क्योंकि
उसके ऊपर परिवार की जिम्मेदारियाँ
परिवार का रक्षण, उनके
मान सम्मान का ख्याल रखना होता है.
इसलिए ... वो थोड़ा कठोर रहता है।
और माँ ... सौम्य, प्यार, लाड़, स्नेह
उनसे बातचीत करके प्यार देकर
उस कठोरता का बैलेंस बनाती है।
इसीलिए, सुंदर होता है माँ का स्वरूप।
पिता पर से भी
जिम्मेदारियों का बोझ हट जाए,
तो वो भी बहुत सुंदर दिखता है।

16

मां

ऐ माँ! चंदन तेरी रज से मैं मस्तक पर तिलक लगाती हूँ,
तेरे किये त्याग समर्पण के आगे मैं अपना शीश झुकाती हूँ।
मैं तुझे क्या दूँ ऐ मेरी माँ, जिसने मुझे ये अनमोल जीवन दिया,
तेरे कर्ज के आगे मैं अपना शीश झुकाती हूँ।
ऐ माँ! चंदन तेरी रज से मैं मस्तक पर तिलक लगाती हूँ,
तेरे किये त्याग समर्पण के आगे मैं अपना शीश झुकाती हूँ।
ऐ माँ! तूने निस्वार्थ हर फ़र्ज किया पूरा,
मेरे बचपन में हर सपनों को पूरा किया तूने,
कभी दोस्त, कभी पिता के जैसा रूप लिया तूने,
तेरे दूध की हर रज का ना कर्ज अदा होगा मुझसे,
तेरे त्याग समर्पण का ना कर्ज अदा होगा मुझसे।
ऐ माँ! चंदन तेरी रज से मैं मस्तक पर तिलक लगाती हूँ,
तेरे किये हर समर्पण के आगे मैं अपना शीश झुकाती हूँ।
ऐ माँ! जीवन हर पल इम्तिहान है मेरा ,
जीवन के इम्तिहान में, जब जब कमजोर पड़ी मैं माँ,
खुद शक्ति बनकर तू मेरी, हर इम्तिहान पार करवाएं माँ,
तेरी दी हर शक्ति का ना कर्ज अदा होगा मुझसे,
तेरे दिये संस्कारों का ना कर्ज अदा होगा मुझसे।
ऐ माँ! चंदन तेरी रज से मैं मस्तक पर तिलक लगाती हूँ,
तेरे किये हर त्याग समर्पण के आगे मैं अपना शीश झुकाती हूँ।
चंदन से भी शीतल माँ तू है, चंदन से भी शीतल तेरी छाया है,
इस दुनिया के छल से परे माँ, तेरी छाया में हम पले बढे।
आये हर तूफ़ान को तूने ना हमें छूने दिया,
खुद संघर्षो की भट्टी में तप कर,

कुंदन बनाया हमको माँ।
तेरी दी हर कुर्बानी का ना कर्ज अदा होगा मुझसे,
तेरी दी परीक्षा का ना कर्ज अदा होगा मुझसे।
ऐ माँ! चंदन तेरी रज से मैं मस्तक पर तिलक लगाती हूँ,
तेरे किये हर त्याग समर्पण के आगे मैं अपना शीश झुकाती हूँ।
चाहे लाख जन्म ले लूं, तुझसी ना बन पाऊँगी,
मैं भी दो बच्चों की माँ हूँ, पर तुझसी ना बन पाऊँगी,
तेरे जैसा त्याग समर्पण ना माँ मैं कर पाऊँगी।
आज भी माँ जब दर्द मुझे होता है,
तकलीफ तुझे होती है,
जब पीड़ा मुझे होती है, दिल तेरा माँ रोता है।
तेरा प्रेम अनोखा है माँ, तेरा त्याग अनोखा है माँ।
तेरे इस निश्चिंल प्रेम का ना कर्ज अदा होगा मुझसे,
तेरे ममता वत्सल्य ना कर्ज अदा होगा मुझसे।
ऐ माँ! चंदन तेरी रज से मैं मस्तक पर तिलक लगाती हूँ,
तेरे लिए हर त्याग समर्पण के आगे मैं अपना शीश झुकाती हूँ।
जितने भी जन्म लूं मैं, निश्चित ही तू मेरी माँ हो,
तेरे जैसा ना दूजा कोई, तेरे जैसा ना दूजा कोई है माँ,
तूने किया हर पल समर्पण अपना,
तूने जीवन अपना अर्पण किया।

तूने मेरे लिए तर्पण की हर अपनी इच्छा माँ,
तेरे किये हर त्याग का ना कर्ज अदा होगा मुझसे,
चाहे लाख जन्म ले लू मैं, ना कोई कर्ज अदा होगा मुझसे।
ऐ माँ! चंदन तेरी रज से मैं मस्तक पर तिलक लगाती हूँ,
तेरे किये त्याग समर्पण से आगे मैं अपना शीश झुकाती हूँ।

धुंध

धुँध सी छायी फ़िज़ा में, महका है मन आँगन मेरा,
बदली सी छायी मन है, झूम उठा है तन मेरा,
बारिश की बूँदों में फ़िज़ाये भी गुनगुनाने लगी,
वादियों की शीतल हवा से फिर जागृत चाहत हुई,
पूछ लो इन बादलों से फिर प्रेम की मधुर धुन बजीं,
झंकृत हुई हर तार मन के प्रेम धुन बजने लगी,
लगा ऐसे प्रेम की बांसुरी फिर बजने लगी,
बारिश की बूँदो में फ़िज़ाये भी गुनगुनाने लगी.....
धुँध सी छायी फ़िज़ा में प्रेम गीत मन में जगा,
बारिश की बूँदों में प्रेम राग हर मन में जगा,
देख प्रेम तोता मैना का, मन मेरा प्रफुल्लित हुआ,
पूछ लो इन चाँद तारों से, हर दिल प्रेम से रोशन हुआ,
झंकृत हुआ हर तार मन को, प्रेम संगीत बजने लगा,
बारिश की बूँदो में फ़िजाये भी गुनगुनाने लगी....
बारिश की बौछार से मयूर भी झूमे और गाये,
आसमां में बदली सी छायी, इन्द्रधनुषी रंग खिल उठे,
पूछ लो इंद्रधनुष से हर दिल में सतरंगी रंग खिले,
प्रेम हर दिल में जागा, रोम रोम प्रफुल्लित हुआ,
झंकृत हुए हर तार मन के मर्दुल संगीत बजने लगा,
बारिश की बूँदों में फ़िजाये भी गुनगुनाने लगी.....

चौकीदार चोर है

सत्ता हमेशा से चर्चा का विषय रहा है और राजनीति हमेशा से ही विवादों से घिरी रही है, लोगों की नज़र में सत्ता का दृष्टिकोण अलग-अलग है, शायद कम ही लोग है जो देश की राजनीति व्यवस्था से संतुष्ट है, उन्ही में से एक मैं हूँ जो अब तक राजनीतिक व्यवस्था से पूर्ण रूप से असन्तुष्ट थी, मेरे लिए सत्ता पूरी तरह से एक भ्रष्ट तंत्र था। हम जैसे आम नागरिको पर की गई राजनीति से, जिसमें अमीर और अमीर होता जाता है, ग़रीबों पर ये सोचकर कृपा दृष्टि की जाती है कि निम्नवर्ग के लोगों पर खर्च कर के सत्ता पर अपनी विजय का परचम फहराएँगे, लेकिन सच ये है कि इन सबके बीच हम जैसा आम आदमी पिसता है, जिसको केवल अपनी आय पर ताम्र टैक्स ही देना होता है। सरकार की तरफ़ से कोई भी योजनाएँ मध्यम वर्ग के लिए नहीं होती है और देश की विकास योजनायें अधिकतर काग़ज़ों में ही पूरी हो ज़ाया करती है, विकास योजनाओं के नाम पर दिए हुए रूपयों से अपने महल खड़े किये जाते है ॥॥

बात करें आज से नौ साल पहले की, देश की स्थिति राष्ट्रीय और अंतरराष्ट्रीय दोनों में ही तुच्छ थी, हमारा देश निर्धनता की सीमा रेखा के नीचे पनप रहा था या कहो भारत देश विकाससील देशों में से एक तो था पर विदेशों में हमारे देश और देश के लोगों का स्थान नगण्य था। कहते हैं ईश्वर सभी पर कृपया करते हैं, वर्ष २०१४ में नरेंद्र मोदी जी देश के प्रधानमंत्री के पद पर आसीन हुए।

उन्होंने पहले ही दिन से देश की अर्थव्यवस्था को सुधारने की शुरुआत की, खुद को निःस्वार्थ भाव से देश के सभी कार्यों में लगाया, ना केवल विभिन्न प्रकार की योजनाएँ बनायीं अपितु उनको लागू भी किया। पिछले ९ सालों के कार्यकाल में ना केवल अपने देश में विभिन्न कार्य किये अपने देश शाख़ को विदेशों में भी मज़बूत बनाया, देश को इतना ताक़तवर और सशक्त बनाया कि कोई भी मुल्क भारत पर आक्रमण करने की सोचने से घबराने लगा ॥

उन्होंने एक चायवाले से विश्व का ताक़तवर शासक बनने के लिए दिन रात घोर तपस्या की, न जाने कितनी समीक्षा सही, किंतु हर हाल में डटे रहे।

मैं ये नहीं कहती कि उनके द्वारा लिये गये सभी निर्णय सही हैं लेकिन जिस निःस्वार्थ भाव से मोदीजी देश के लिए कार्य कर रहे है वो सराहनीय है। अगर सत्ता से जुड़े लोग मोदीजी की तरह ही कार्य करें, तो हमारा देश विश्व का सबसे शक्तिशाली देश बन जाये।

मैं एक छोटी सी कविता के माध्यम से मोदीजी के लिए चंद अल्फ़ाज़ पेश करना चाहती हूँ, इस आशा के साथ कि आप भी मेरे विचारों से सहमत होंगे ॥॥

कोई कहे तानाशाह,
कोई कहे चौकीदार चोर है,
कोई कहे चाय वाला,
सचमुच बड़े दिल वाला है,
बड़े दिल वाला है।
इतनी समीक्षा सहे,
फिर भी देश के लिए जिये,
अट्ठारह घंटे कार्य करें,
देश पर हर पल मर मिटे,
फिर भी सुने चौकीदार चोर है,
चोकीदार चोर है।
आवाज है सिंह की, इरादा है चट्टान सा,
हिला ना सके जिसको दीदी-बाबू ना बाबा,
दृढ़ है हौसले जिसके,
देश को किया मजबूत जिसने,
फिर भी सुने चौकीदार चौर है,
कि चौकीदार चौर है।
जिसके हर शब्द पत्थर की लकीर है,
जिसके आगे काँपे सारे देश है,
जिसकी छत्रछाया में हम सभी महफूज हैं,
वो फिर भी सुने चौकीदार चोर है, चौकीदार चौर है।
कोरोना जैसी महामारी में,
लोगों को बचाया जिसने,
निर्धनों को दिया मुफ्त राशन पानी जिसने,
देश में मिनटों में हर नामुमकिन व्यवस्था की जिसने,
कठिन समय में देश को बचाया जिसने,
वो फिर भी सुनें चौकीदार चौर है, चौकीदार चौर है।

आत्म सारांश

दुश्मन के घर से,
देश के वीर को वापस लाने की, बस इनमें ही ताकत थी,
दुश्मनों के घर में घुसकर सबक सिखाने की,
क्या कभी किसी और ने भी ठानी थी।
जिसकी गरज के आगे डरता हर देश है,
वो फिर भी सुने चौकीदार चौर है, चौकीदार चौर है।
जिसकी चाल के साथ हवाएं भी मुख मोड़ लें,
जिसकी आवाज खुद में एक
सिंह नाद है,
जिसकी हर आवाज में बस
देश का विकास हो,
दुश्मन भी जिसका लोहा माने,
हां! सच में वो चौकीदार श्रेष्ठ है,
चौकीदार श्रेष्ठ है।
अपने हर पुरस्कार, मिली हुई ख्याति,
सब देश को समर्पण करता है जो,
जिसकी आँखों से भयभीत होता दुश्मन है,
जिसके साये में पूरी तरह महफूज हैं हम,
वास्तव में राष्ट् पिता कहलाने योग्य है वो,
राष्ट्र पिता कहलाने योग्य हैं वो
उनके साये में महफूज है हम, महफूज है हम,
सच में वो चौकीदार श्रेष्ठ है, चौकीदार श्रेष्ठ है।

मानसिक वेदना

आज मेरा उद्देश्य समाज की एक ऐसी परेशानी को लेकर लिखना है,

जिससे आज कल ना केवल बड़े अपितु छोटे छोटे बच्चे भी ग्रसित है मेरा विषय है अवसाद।

असफलता, संघर्ष और किसी अपने से बिछड़ जाने के कारण

दुःखी होना बहुत ही आम और सामान्य है। परन्तु अगर अप्रसन्नता, दुःख, लाचारी, निराशा जैसी भावनायें कुछ दिनों से लेकर कुछ महीनों तक बनी रहती है और व्यक्ति को सामान्य रूप से अपनी दिनचर्या जारी रखने में भी असमर्थ बना देती है, तब यह अवसाद नामक मानसिक रोग का संकेत हो सकता है।

अवसाद यानी(depression) एक आम समस्या है जो हर छोटे बड़े इंसान में देखने को मिलती है और इसका रूप इतना विकराल हो सकता है की मनुष्य आत्महत्या तक कर सकता है, कर सकता ही क्यू आज कल ना जाने कितने छोटे बड़े लोग मानसिक दबाव में आकर आत्महत्या कर लेते है और उनके पीछे उनके अपनों के लिए सिवाय रोने के अतिरिक्त कुछ शेष नहीं रह जाता है।

आइये, समझने की कोशिश करें अवसाद एक ही दिन में मन स्थिति पर हावी नहीं होता है, एक लम्बे समय से मस्तक पर पड़े विचारों मतभेदों के कारण और विपरीत परिस्थितियों का परिणाम है अवसाद।।।।।

अवसाद व्यक्ति को अंदर तक तोड कर रख देता है, हताशा निराशा मन पर इस तरह हावी हो जाती है कि अवसाद से ग्रसित व्यक्ति अपनी सारी प्रतिभा को खोने लगता है और अपने व्यक्तित्व को खोकर प्रति पल यही विचार उसके मन पर डेरा डालता है कि इस जीवन को जीने का कोई लाभ नहीं, कोई अपना नहीं इस संसार में, वो एकदम अकेला है, यहाँ तक कि जो उन्हें इतना प्यार करते है, वो भी अपने नहीं अंत में यही सोचते है।

इस जीवन को जीने से कोई लाभ नहीं, मात्र मृत्यु ही इस समस्या का एकमात्र इलाज है और जब अवसाद अपना एक विकराल रूप ले लेता है तो अपनी ही अंतरात्मा आत्महत्या के लिए प्रेरित करती है।।।

समय के साथ अगर इसको ना समझा जाये तो अवसाद ग्रसित व्यक्ति को बचाना नामुमकिन है, सबसे पहले अच्छे मनोरोग चिकित्सक को दिखायें।

अच्छी से अच्छी दवाएं उपलब्ध करवायें।।

काउंसलिंग थेरेपी दिलवायें॥

सबसे मुख्य अवसाद ग्रसित व्यक्ति के मित्र बने, उसे समझे

उसके साथ सहानुभूति की नहीं उसको ये अहसास दिलवायें

कि तुम हमारे लिए मुख्य हो अर्थात् हम तुम्हारे बिन कुछ नहीं।

तुम अकेले नहीं हम तुम्हारे साथ है, अगर तुम कुछ भी अपने साथ ग़लत करते हो तो हमारा जीवन शून्य हो जायेगा ॥॥

उनको खुश रखने के नयें तरीक़े सोचे॥॥

जिसको उन्हें करने से ख़ुशी मिलती है, वही करें॥॥

कोई भी नकारात्मक बातें ना करें॥॥

व्यस्त रखे ॥॥

जो भी अवसाद व्यक्ति विशेष को आता है उसका कारण कहीं ना कहीं हम ही है विशेष रूप से बच्चे जब इस समस्या से पीड़ित होते है तो उसका कारण घर का वातावरण और दवाब होता है। माता पिता बच्चों को ना समझ कर हर पल बच्चों को ही समझाते है, बच्चों के सामने ही झगड़ा करते है। ये बच्चों के अवसाद का सबसे घातक कारण है। आइये बच्चों को समझें, उनकी भावनाओं का ख़याल रखे, उनको गले लगायें।

बच्चों को जो भी पसंद है वो करने दे,

अपने विचारों को कभी भी ना थोपें॥॥

अवसाद से पीड़ित व्यक्ति का मन निराशाओं के घेरे में इस क़दर जकड़ जाता है कि उसका हर अपनों से लगाव, मित्रों के साथ उठना बैठना और हर बात पर निराशाजनक नज़रिया होता है। कुछ पंक्तियों के माध्यम से आइये उनके मन स्थितियों को जानने की कोशिश करें..........

वेदना ये मन की है जो मिटने से मिटती नहीं है,

वेदना ये तन की है जो आत्मा को घायल करती है,

है कष्ट कितना मेरे मन पर, शब्दों में बयान होता नहीं है,

हार जाता हूँ खुद के आगे दर्द मेरा मिटता नहीं है,

लगा दूँ पूरी प्रबल शक्ति अपनी, कष्ट तन मन का कम होता नहीं है।

मैं भी पहले की तरह मुसकुराना चाहता हूँ,

पर कड़वी यादों का कारवाँ पीछा छोड़ता ही नहीं है,

ये वेदना मन तन की है जो मिटने से मिटती नहीं है....

जा रही शरीर से मेरी शक्ति, पुनः मुझे कैसे वापस मिलेगी,

बुझ गया जो दीप मन का, कैसे फिर से मेरे मन में जागृत होंगे,

कैसे मन मेरा हर वेदना से बाहर निकलेगा,

ये वेदना मन तन की है जो मिटने से मिटती नहीं है......

खामोश हो चुका है मन मेरा, ना अब कोई अपना सा लगता है,

है ये दुनिया एक छलावा, जो पल पल मुझको छलती है।

जीवन मेरा है निरर्थक, ऐसा मुझको लगता है,

खामोश कर लूँ दुनिया अपनी, ऐसा प्रति पल दिल मेरा करता है,

उजड़ गये है सपने मेरे, नहीं बची जीने की वजह,

ये वेदना तन मन की है, जो मिटने से ही मिटती है...

ऐसा नहीं है, ये वेदना मुझको सताती नहीं है,

पर क्या करूँ कड़वी यादों का कारवाँ, मेरा पीछा छोड़ता ही नहीं है,

हे कृष्णा, करना मदद तुम मेरी, निकालो इस प्रबल पीड़ा से मुझे,

भर दो ज़ख्म इस तन मन के, फिर से तबस्सुम दे दो मुझे,

ये वेदना तन मन की है, जो मिटने से मिटती नहीं है.....

ऐ परिंदे

ऐ परिंदे तू कहाँ उड़ चला रे,

सपनों की उड़ान लिए , तू कहाँ उड़ चला रे।

छूने आसमान को ,पूरा करने अपने सपनों को,

तू कहाँ चला रे, ऐ परिंदे तू कहाँ उड़ चला रे।

मंज़िल नहीं आसान तेरी, राह में अधिक है काँटे,

अनजान हर काँटों से तू कहाँ चला रे, ऐ परिंदे तू कहाँ उड़ चला रे।

कितना जोश तुझमें, कैसा जुनून तुझमें,

पार कर ले हर मंज़िल को , बिना थके बिना रुके,

बिना रुके कहाँ चला तू, ऐ परिंदे तू कहाँ उड़ चला रे.....

तिनका तिनका कर जो बनाया आशियाँ तूने,

आज तूफ़ान में उड़ सा गया है, फिर तू चला कहाँ , नया आशियाँ बनाने,

ऐ परिंदे तू कहाँ उड़ चला रे.....

इच्छा शक्ति प्रबल है तेरी , जुनून कैसा अजब है तेरा,

ना बारिश का डर है , ना तूफान का डर है,

बिना डरे तू कहाँ चला रे, ऐ परिंदे तू कहाँ उड़ चला रे......

देख तेरी प्रबल शक्ति, मुझे भी मिलती है शक्ति,

कितनी भी कठिन हो मंज़िल, कितने भी काँटे हो राह में,

सीखा है मैंने उड़ना, ना कभी मुझे है थमना

ऐ परिंदे तू कहाँ उड़ चला रे....

आकाश सूना है तेरे बिन, हर भोर सूनी तेरे बिन,

कितना सुंदर है तेरा मन, कितना कोमल है तेरा मन,

बन प्रेरणा सबकी, तू कहाँ चला रे, ऐ परिंदे ॥ तू कहाँ उड़ चला रे.....

एक ख्वाब सजाया

एक ख्वाब सजाया मैंने, चाँद तारों से जगमगाया उसको,

अनुपम घरौंदा मेरा, प्रियतम ने थामा हाथ मेरा,

अद्भुत जहान हमारा, खुशियों से गुलजार आशियाना हमारा।

प्रेम की अद्भुत छटा है जिसमें, कृष्णा की भक्ति है जिसमें,

एक ख्वाब मैंने सजाया, रंगों से उसको खिलाया,

इत्र की है खुशबू जिसमें,

प्रियतम से मिलन की बेला,

अपनों का साथ जहाँ है, समर्पण और अर्पण जहाँ है,

एक ख्वाब सजाया मैंने।

अब सतरंगी है दुनिया मेरी, शिशुओं की किलकारियां जिसमें,

सम्पूर्णता का अहसास जिसमें,

नन्ही कली का स्नेह जिसमें,

जीने की वजह जो मेरी, गुले गुलजार कुटिया मेरी,

एक ख्वाब सजाया मैंने।

दुनिया से मैं हूँ अनजानी, नटखट ही है जीवन मेरे,

मंजिल यही है मेरी, दुनिया यही है मेरी,

स्नेह, ममता सर्वत्र इन्हीं पर अपना लुटा दूँ,

यही है जीवन मेरा, यही जीने की वजह है,

एक ख्वाब मैंने सजाया,

चाँद तारों से जगमगाया उसको.....

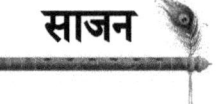

साजन

साजन साजन साथ तुम चलना बनके मेरा साया.....
बनके चांद तुम मेरे जीवन को देना शीतल छाया,
नीले अंबर सा हो गहरा प्यार हमारा तुम्हारा,
तारे हमारे करें प्रेम की बातें, जीवन में हो उजाला,
साजन साजन साथ तुम चलना, बनके मेरा साया.....
दीया बाती बनके रोशन कर दे जीवन के आंगन को,
अपने प्रेम की खुशबू से महका दे जीवन की बगिया को,
साथ हो मेरा तेरा जैसे सूरज चांद सितारे,
साजन साजन साथ तुम चलना बनके मेरा साया.....
विश्वास की डोर से बंधी हो हमारे जीवन की डोरी,
रब से भी ज्यादा एक दूजे को चाहे, जैसे चकवा चक्वी,
जन्मो जन्मो का साथ हो हमारा ऐसी हो अपनी मर्जी,

साजन साजन साथ तुम चलना, बनके मेरा साया.....
आए कितने भी तूफ़ान जीवन के सफर में,
बनके रहे एक दूजे का साया,

दुःख हो या सुख हो, ना छूटे साथ हमारा,
फूल और खुशबू सा साथ हो, जब तक जीवन महके,
साजन साजन साथ तुम चलना, बनके मेरा साया.....

मन के अक्स

मन के अक्स में खुद को खोजने लगी हूं मैं,
खुद क्या हूं, ये सोचने लगी हूं मैं,
एक बेटी हूं, पराया धन हूं, यही सुन बड़ी हुई हूं मैं,
परिंदा बन उड़ना चाहती हूं, अपने सपनों को मंजिल देना चाहती हूं,
खुद कुछ नहीं हूं ये जानती हूं मैं,
अमानत हूं अन्य घर की, सुन सुन ये पली हूं मैं,
पूरे करना अपने सपनों को पिया के घर, इज्जत से भेजना चाहते है तुम्हें,
अब खुद मैं क्या हूं, ये सोचने लगी हूं मैं.....
लगा उनके घर जाकर मिलेगी मंजिल मुझे,
अपने वजूद को खुद बनाऊंगी मैं, पर फिर सुना मैंने
अरमान तो मां बाप के घर में ही पूरे होते है, यहां तो अपने फर्ज ही अदा किए जाते हैं।
अपने फर्जों को पूरा करते करते उम्र निकल जा रही है,
अपनी हस्ती बस अब मिटतीSI जा रही है,
अब क्या हूं, ये सोचने लगीं हूं मैं.....
आज खुद को तलाशते हुए
जिम्मेदारियों में दफन हो गए सपने मेरे,
अपने अस्तित्व को भूल से गए हैं हम,
खुद को अब ढूंढती हूं मन के अक्स में
खुद को ढूंढती हूं दिन की रोशनी में,
खोजती हूं मैं रात्रि के प्रकाश में, पर मैं खो गई हूं घने अंधकार में,
खुद क्या हूं, ये सोचने लगीं हूं मैं.....

अपने वजूद को पाना चाहती हूं,
अब तक भले ही कुछ किया नहीं,
पर अब करना चाहती हूं,

मुझे नहीं जरूरत, किसी के सहयोग की,
खुद को आसमां तक पहुंचाना चाहती हूं,
मन के अक्स में खुद को पाना चाहती हूं मैं,
अपना एक मुकाम बनाना चाहती हूं मैं.....

बाँसुरी

आकर होंठों पर तेरी बाँसुरी, मुझे पागल कर जाती है।
मेरे करुणा कलित हृदय में मधुर राग सुनाती है,
मेरे अंधेरे जीवन में प्रेम का गीत सुनाती है,
तेरी बाँसुरी की हर धुन मुझे मोह मुग्ध कर जाती है,
होंठों पर आकर तेरी बाँसुरी मुझे पागल कर जाती है।
मेरे उजड़े हुए चमन में आशा का गीत सुनाती है,
फिर उम्मीदों का सूरज निकलेगा पैगाम दे जाती है,
होंठों पर आकर तेरी बाँसुरी मुझे पागल कर जाती है।
तेरे प्रेम से लिप्त मेरे मन का हर कोना है,
मेरे रोम रोम में तेरा ही राग बजा है,
तेरी मुरली की धुन से रोशन मेरा जीवन है,
तेरी मुरली की धुन ही हर दिन तेरी प्रीत जताती है,
होंठों पर आकर तेरी बाँसुरी मुझे पागल कर जाती है।
मेरे जर्रे जर्रे में बस तू ही है मेरे कृष्णा,
तेरी मेरी मैत्री गोपी श्याम संग जैसी है,
इच्छा मेरे जीवन की, अंतिम पड़ाव तक जीवन के
बस होंठों पर तेरा नाम बसा हो,
नयनों में तेरी मूरत हो, हृदय में तेरी छवि हो,
हाथ मेरा तेरे संग हो, साँसो में तेरी रटन हो,
कण कण में तेरा राग बजा हो, होंठों पर तेरा नाम बसा हो,
होंठों पर आकर तेरी बाँसुरी, मुझे पागल कर जाती है,
मेरे करुणा कलित हृदय में मधुर राग सुनाती है।

सम्पूर्ण जीवन

गिला है कृष्णा तुझसे, शिकवा है कृष्णा तुमसे,
इतने हसीन चेहरो में मुझे ही कुरूप बनाया।
जब देखूँ खुद की सूरत को तो मन बेचैन होता है,
क्यू बनाया कुरूप कृष्णा, तूने मेरा चेहरा।
आती है मन में कुंठा, ग्लानि होती है खुद से,
क्यों किया ऐसा कृष्णा,क्यों किया ऐसा ?
देख खुद को मन की आँखों से प्यारे,
दी है तुझे सुंदर आँखें, जिनसे देखें तू सुंदर दुनिया,
पूछो पीड़ा उन नेत्रहीनों की,
जो ना देख पाये ये सुंदर दुनिया,
अँधेरी है जिनकी दुनिया, जीवन है उनका काला,
देख खुद को तन है तेरा पूरा, जीवन है तेरा पूरा,
फिर गिला क्यों तू है करता, फिर गिला क्यों तू है करता।
गिला है कृष्णा तुझसे.....
देख खुद को मन की आँखों से प्यारे,
तू सबकी आवाज़ सुन ले, तू दुनिया का शोर सुन ले,
पीड़ा समझो बधिर जनों की,
जिनके लिए खामोश है दुनिया सारी,
पूरा जीवन उनका सूना, जो सुन सके खुद ही की वाणी,
देख खुद को, तू है सम्पूर्ण कितना,
फिर गिला तू क्यों है करता।
गिला है कृष्णा तुझसे.....
देख खुद को मन की आँखों से प्यारे,

अपनों की हर बात बोले,
तेरी वाणी है गुनगुनाती,
तू अपनों से है बातें करता
देख दुःख उन गूँगे जनो का,
जिनकी खामोश है दुनिया सारी
हर दिन है सूना जिनका, हर रात है तन्हा जिनकी,
फिर तू गिला क्यू है करता।
गिला है कृष्णा तुझसे.....
देख खुद को मन की आँखों से प्यारे,
तू घूमें ये दुनिया सारी,
तू हर अपनों को गले लगाये,
समझ दुःख उन अपाहिज जनों का,
जो ना चल पाये खुद से कभी भी,
जो अपनों को भी ना छू पाए,
समझो उनके दुखों को,
कितनी है पीड़ा उनके मन में,
क्या करेंगे इस सुंदर तन का,
जो तन भी है ना पूरा उनका,
देख खुद को प्यारे, तू है सम्पूर्ण कितना,
फिर तू गिला क्यों है करता।
तन है तेरा पूरा, मन है तेरा पूरा,
काम आजा किसी के,
यही है सबसे सुंदर चेहरा,
तन है तेरा पूरा, जीवन है तेरा पूरा.....

दो किनारे

सागर के हम दो किनारे, जो कभी ना मिल पाएंगे,
बस सागर की लहरों से ही एक दूजे को छू पाएंगे,
साथ रहेगा उम्रभर का, कभी जुदा ना हो पाएंगे,
बस सागर की लहरों से ही, एक दूजे से मिल पाएंगे,
तेरे जैसा दोस्त ना होगा, तेरे जैसा साथ ना होगा,
दो पल का जो सुख था तेरा, उससे जीवन खुशहाल रहेगा,
उम्रभर तेरा अहसास रहेगा, हर पल तेरा इंतजार रहेगा।
हर बारिश की बूंदों की ठंडक में, तेरा सदा अहसास रहेगा,
सागर के हम दो किनारे, जो कभी ना मिल पाएंगे,
बस सागर की लहरों से ही एक दूजे को छू पायेंगे,
दिन भी होगा रात भी होगी, तारों की बारात भी होगी,
बस तू ना होगा, मैं ना होंगी,
उम्रभर तेरा अहसास तो होगा, बस हमारा कभी साथ ना होगा।
हम तुम सूरज चाँद के जैसे, जो कभी ना मिल पायेंगे,
एक दूजे के पास भी होकर, कभी ना एक हो पायेंगे,
सागर के हम दो किनारे, जो कभी ना मिल पायेंगे,
बस सागर की लहरों से ही, एक दूजे को छू पायेंगे।
धरा भी होगी, अंबर भी होगा, दोनों सा संजोग ना होगा,
मैं धरा, तू अंबर के जैसा,
एक दूजे को देखे निहारे, मन की हर बात बताएंगे,
हवा के शीतल झोंको से ही, एक दूजे को छू पायेंगे,
सागर के हम दो किनारे, जो कभी ना मिल पायेंगे।

बस सागर की लहरों से ही, एक दूजे को छू पायेंगे,

मेरी तेरी मैत्री गोपी और कृष्णा के जैसी,
समर्पण और अर्पण के जैसी,
एक दूजे के होकर भी, कभी एक ना हो पायेंगे,
मुरली की धुन से ही बस, एक दूजे को छू पायेंगे,
सागर के हम दो किनारे, जो कभी ना मिल पायेंगे,
बस सागर की लहरों से ही, एक दूजे को छू पायेंगे।

कुदरत

तेरी बनायी कुदरत कृष्णा कितनी सुंदर दिखती है,
अलबेली तेरी कुदरत दुल्हन जैसी दिखती है,
विभिन्न रंगो से अलंकृत धरती, सुंदर मस्तानी लगती है।
जीवन को इन रंगो में रंग लो, ऐसा कुदरत कहती है,
श्वेत रंग का चोला ओढे पर्वत,
शान्ति का संदेश देते है,
शान्ति से जीवन पार करो यही संदेश ये देते है,
तेरी बनायी कुदरत कृष्णा कितनी सुंदर दिखती है.....।
अलबेली तेरी कुदरत दुल्हन जैसी दिखती है,
नीली चादर ओढे अम्बर प्रेम संदेश देता है,
प्रेम बंधन में बंधे रहो यही संदेश ये देता है,
तेरी बनायी कुदरत कृष्णा कितनी सुंदर दिखती है,
अलबेली तेरी कुदरत दुल्हन जैसी दिखती है.....।
हरी घास की चादर ओढे धरती,
हरियाली गीत ये गाती है,
सावन के मौसम में प्रेम गीत गाती है,
अमर रहे प्रेम तुम्हारा यही संदेश दे जाती है,
तेरी बनायी कुदरत कृष्णा कितनी सुंदर दिखती है,
अलबेली तेरी कुदरत दुल्हन जैसी दिखती है.....।
मिट्टी की ख़ुशबू यही संदेश दे जाती है,
जिस धरती ने आजीवन तेरा बोझ सहा,
सदा उस धरती के लिए मरना मिटना है,
जीवन की गोधूलि में उस मिट्टी में ही मिलना है,

तेरी बनायी कुदरत कृष्णा कितनी सुंदर दिखती है,
अलबेली तेरी कुदरत दुल्हन जैसी दिखती है.....।
रंग बिरंगे फूल खिले हुए, संदेश ये देते है,
जीवन को तुम हंसकर जी लो,
बन जाओ मुस्कान किसी की,
बन जाओ तुम किसी का जीवन,
अर्पण करदो अपना जीवन
जैसे मैं करता हूँ कृष्णाजी के चरणों में,
तेरी बनायी कुदरत कृष्णा कितनी सुंदर दिखती है,
अलबेली तेरी कुदरत दुल्हन जैसी दिखती है.....।

बचपन की यादें

वो बचपन की बाते, वो बचपन की यादें,
वो गुजरा जमाना, वो गुजरा जमाना,
अब है एक अफसाना, वो गुजरा जमाना,
मां की मीठा सी लोरी, पिता की फटकारें,
दादी, नानी की कहानी, वो मटके की कुल्फी,
वो कुल्हड़ की चाय, वो गुजरा जमाना, अब है एक अफसाना,
वो बचपन की बातें, बचपन की यादें.....
मां के हाथों की मालिश, भाई से तकरार,
सखियों संग थी जो मस्ती बड़ी याद आएँ,
वो कागज़ की नाव बनाना, वो बारिश में नहाना,
फिर गरम गरम चाय पकोड़े है खाना,
वो गुजरा जमाना, वो गुजरा जमाना, अब है एक अफसाना,
वो बचपन की बातें, वो बचपन की यादें.....
खेतों में घूमना, वो तितली पकड़ना,
हँसना खिलखिलाना, मस्ती भरा था बचपन हमारा,
वो गुजरा जमाना, वो गुजरा जमाना, अब है एक अफसाना,
वो बचपन की बातें, वो बचपन की यादें....
हर चिंता फिक्र से बचपन बेगाना,
बस प्यार से भरा अपना जहाँ था,
ना कोई जिम्मेदारी, ना कोई फिक्र थी,
बस मीठी यादों का कारवां था बचपन हमारा,
गुजरा जमाना, वो गुजरा जमाना, अब है एक अफसाना,
वो बचपन की बातें, वो बचपन की यादें.....

प्रेरणा

प्रेरणा बनो तुम जग की, दीप बनो तुम सबके,

महका दो खुद को ऐसे, मधु बन की खुशबू हो जैसे,

छाया है अंधियारा जग में, दूर तक कोई दीप नहीं है,

बन जाओ तुम रोशनी, दीप बनकर जलो तुम,

अपनी रोशनी से उजियारा कर दो जग में,

प्रेरणा बनो तुम जग की, दीप बनो तुम सबके.....

ना जानें कितने आंगन है सूने,

अपने तो फिर भी बहुत अधिक है, पर अपनों का साथ नहीं है,

डगमग है उनकी कश्ती, दूर तक किनारा नहीं है,

बन जाओ खेवनहार तुम और पार लगा दो कश्ती,

प्रेरणा बनो तुम जग की, दीप बनो तुम सबके.....

सुख के सब साथी है, दुःख में कोई नहीं है,

प्यासी है मन की बस्ती, दूर तक भी झील नहीं है,

बन जाओ सरोवर, जीवन के दुःख तुम हर लो

प्यास मन की भुजाकर, जीवन को तृप्त तुम कर दो,

प्रेरणा बनो तुम जग की, दीप बनो तुम सबके.....

अधिक तपिश जीवन में भरी है और दूर तक शीतलता नहीं है,

वृक्ष के जैसे तुम झुक जाओ, तरु वर के जैसे शीतल छाया दे दो,

प्रेरणा बनो तुम जग की, दीप बनो तुम सबके.....

मालिक ने दिया जीवन अनमोल खजाना है,

अनमोल हर सांस है, अनमोल ये वाणी है,

अपनी मधुर वाणी से जग में शहद सी मिठास भर दो,

प्रेरणा बनो तुम जग की, दीप बनो तुम सबके.....

एकता में शक्ति

ऐ झुंड में उड़ते पंछी, तुम प्रेरणा बनते हो सबकी,
सिखाते अध्याय जीवन का एकता में है अटूट शक्ति,
झुंड में उड़ते पंछी तुम लगते कितने न्यारे,
मनमोहक तुम्हारी उड़ान लगती कितनी प्यारी,
तुम्हारा साथ में मिलकर चलना दिखलाता संगठन की शक्ति,
ऐ झुंड में उड़ते पंछी, तुम प्रेरणा बनते हो सबकी।
जोश है तुममें कितना, तुम हर तूफान से लड़ जाओ,
सिखाते अध्याय जीवन का एकता में अटूट शक्ति,
ऐ झुंड में उड़ते पंछी तुम प्रेरणा बनते हो सबकी।
साथ मिलकर तुम मीलों की दूरी तय करते हो,
तुम हंसकर के हर अड़चन से निकलते हो,
सिखाते अध्याय जीवन का एकता में अटूट शक्ति,
ऐ झुंड में उड़ते पंछी तुम प्रेरणा बनते हो सबकी।
झुंड में उड़ते पंछी तुम क्या खूब चहचहाते हो,
धरती से अम्बर तक सब को गुलज़ार करते हो,
सिखाते हो अध्याय जीवन का,
कितने भी संकट आयें, बस हर पल हँसते रहना,
ऐ झुंड में उड़ते पंछी तुम प्रेरणा बनते हो सबकी।
ऐ झुंड में उड़ते पंछी रफ्तार तुम्हारी कितनी अलबेली,
क्या खूब उड़ते हो पर कभी ना थकते हो,
सिखाते अध्याय जीवन का एकता में अटूट शक्ति,
ऐ झुंड में उड़ते पंछी तुम प्रेरणा बनते हो सबकी।।।

कृष्णा कर्ण संवाद

कर्ण कहता कृष्णा से :

तक़दीर का है खेल निराला, अजब गजब ये खेल तमाशा!

एक माँ से जन्मे, किन्तु किस्मत हमारी भिन्न भिन्न है!

एक झोली फूलों से शोभित, एक झोली काँटों से घिरी है!

मैं भी एक कुन्ती पुत्र हूँ, फिर भी माँ के सुख से वंचित हूँ!

मैं भी एक क्षत्रिय पुत्र हूँ, फिर भी अपनी पहचान से विमुख हूँ!

ये कैसा न्याय है कृष्णा तेरा,

ये कैसी नियति मेरी है!

मैं ज्येष्ठ पाण्डु पुत्र हूँ, फिर क्यों सूत पुत्र कहलाता हूँ!

मुझे भी धनुष विद्या का हक था,

फिर क्यों शिक्षा से वंचित जीवन मेरा था,

कृष्णा, मुझे क्या मिला जीवन में,

मेरे प्राप्त ज्ञान को भूलने का श्राप,

स्वयंवर सभा में द्रोपदी से अपमान!

आज दुर्योधन से सन्धि की है,

फिर क्यों मिला है अपयश मुझको!

जब आज अर्जुन के विपरीत खड़ा मैं रण में,

जब माँ कुन्ती ने त्यागा मुझको, फिर क्यों निंदा मिली है मुझको!

अगर रण में मारा अपनों को,

मृत्यु के बाद भी अपयश पाऊँगा,

अपने भाइयों के विपक्ष खड़ा हुआ, घोर नरक में जाऊंगा मैं!

जो कवच कुंडल शक्ति थे मेरी, प्रपंच से लिए मुझसे!

ये कैसी विवशता है, ये कैसी नियति है कृष्णा तेरी!

कृष्णा कहते कर्ण से :

ये सब विडंबना भाग्य की है,

नियति में लिखा है जो कुछ,

वो सब हो कर रहता है,

किस झोली में फूल होंगे,

किस झोली में काँटे होंगे,

ये सब पूर्व निहित होता है,

ये जीवन काँटों की शय्या है,

इसपर सबको चलना होता है,

ये तेरी मर्जी है पार्थ, तू हँसकर या रोकर चलता है!

सुन कर्ण! मेरा भी दुःख भिन्न नहीं है तुझसे,

कर्ण! माँ के प्रेम पर मेरा भी हक था,

बचपन जीने का मेरा भी हक था,

कंस मामा के कारण माँ पिता बचपन सब कुछ छूटा मेरा,

राधा संग मैं भी जीना चाहता था,

उसके साथ प्रीत निभाना चाहता था!

सोच अगर कौरव जीते, सब अपयश मुझे मिलेगा,

जीते अगर पाण्डु पुत्र युद्ध को उकसाने का अपयश मुझे मिलेगा,

परिस्थिति कितनी भिन्न हो पार्थ,

जीवन पथ हो कितना भी हो दुर्गम,

चलना होगा हम सबको,

सत्य धर्म का चोला पहन कर,

इस जीवन परीक्षा को पार करना ही होगा!!!

शादी एक जुंआ

शादी एक जुआ है ऐसा, जिस पर हर कोई दाँव लगाता है,
ये किस्मत है उसकी कि, वो इस बाजी को जीत पाता है या हार जाता है।
है रहमत कृष्णा की ये, वो अपनी झोली में फूल या काँटे लेकर आता है,
अपनी किस्मत अजमाने को हर इंसान दाँव लगाता है,
किस झोली में फूल खिलेंगे,
कौन सी झोली काँटों से होंगी घायल, ये सब कृष्णा पूर्व निहित करते है।
शादी एक जुआ है ऐसा, जिस पर कोई दाँव लगाता है.....
पूर्व जन्म के कर्म ही तय करते है, क्या किस्मत से मिलता है,
लेकिन सच ये भी है जीवन का,
इस रिश्ते की गठरी बांधे जीवन चलता है,
ये रिश्ता जीवन की नींव है साथी, जो किस्मत से मिलता है।
तू हँसकर या रोकर जीवन जीता है, ये तेरे कर्मों पर निर्भर करता है।
उत्तम कर्मों के लेख से, भाग्य की रेखाएँ भी परिवर्तित हो जाती है।
तेरे कर्मा ही सब तय करते है कि,
तेरी झोली किस रत्न से सुशोभित है?
शादी एक जुआ है ऐसा, इस पर हर कोई दाँव लगाता है.....
किस्मत के लेख से माँ सीता को, मर्यादा पुरुषोत्तम राम मिले।
मेरे कृष्णा आजीवन, राधा बिन श्याम रहे,
जीवन पतवार है, कृष्णा तेरे हाथों में,
सबकी किस्मत तेरे हाथों में,
फिर क्यों अपनी ही किस्मत में ही इतने कष्ट लिखे,
शादी एक जुआ है ऐसा, इस पर हर कोई दाँव लगाता है.....

रिफ्यूजी

कोरा हर ज़िंदगी का पन्ना, कोरा हर जीवन का लम्हा,
कोरी हर कहानी मेरी, कोरी ये जिंदगानी मेरी,
जीवन का सफ़र खामोश है मेरा, बिना पहचान वजूद है मेरा,
ना घर मेरा, ना ठिकाना मेरा,
बस चल पड़ा जीवन के सफ़र पर, बिन वजूद हर अफ़साना मेरा,
कोरा हर ज़िंदगी का पन्ना.....
पहले रंगीन था जीवन भी मेरा, खुशहाल था आशियाना मेरा,
अपनी बगिया जहाँ था मेरा,
चिंता फिक्र से बेगाना जीवन मेरा,
देश के विभाजन ने छीन लिया वजूद था मेरा,
विभाजन में विभक्त हुआ था जीवन मेरा,
बस रह गया था मैं इंसान अकेला,
पत्ता पत्ता बिखरा था आज मन मेरा,
छिन गया आज घरोंदा था मेरा,
अब ना सिर पर छत और जमीं अपनी है,
बस ज़िन्दगी है अब कोरी मेरी, हर पन्ना अब कोरा मेरा,
कोरा हर ज़िंदगी का पन्ना.....
बड़े मकान से एक अटेंगी में सिमट गयी थी गृहस्थी मेरी,
जो खुद घिसकर जोड़ा का आशियाना मैंने,
वो अब छूट गया था, मेरा कृष्णा मुझसे रूठ गया था,
अपने मेरे मुझसे बिछड़ गये थे,
आधे आधे हिस्सों में हम बँट गये थे,

अब कोरा था जीवन मेरा, कोरा हर लम्हा था मेरा,
कोरा हर जीवन का पन्ना.....
मिली थी शरण कैम्पो में, ना
कोई सुविधाएँ थी वहाँ,
गर्मी में हम झुलस रहे थे, सर्दी में हम ठिठुर रहे थे, बस यही थी जिंदगानी अपनी,
ना जाने कितनी बार आग लगी इन कैम्पो में,
बस जीवन पटरी जैसे रुक गयी थी,
नागरिकता हमसे छिन गयी थी,
लगा अब ऐसा जैसे हम ना बनायें हो ईश्वर के बंदे अब,
लोगों की निगाहें अब बदल चुकी थी,
बस रह गयी एक कहानी कोरी सी,
रह गयी ज़िंदगी कोरी सी,
कोरा हर जीवन का पन्ना.....

नन्ही कली

मेरी प्यारी नन्ही सी, तुम हो एक कली,
मेरे जीवन में आयी हो बनके एक परी,
तेरी ख़ुशबू से महका है घर आँगन मेरा,
तेरी एक मुस्कान से गुलज़ार होता है चमन मेरा,
पापा की लाड़ली मेरी ही छवि,
मेरी प्यारी नन्ही सी, तुम हो एक परी.....
तेरे एक एक आँसू मोती है मेरे लिए,
तेरी ख़ुशी के लिए क़ुर्बान कर दूँ मैं अपना जहाँ,
रब से सदा दुआ ये मेरी,
गम की परछाई तेरे पास ना आयें कोई,
तेरे होंठों पर मुस्कान रहे सदा,
जो भी तू चाहे वो तुझे कृष्णा से मिले सदा,
पापा की परी हो तुम मेरी परिधि,
मेरी प्यारी नन्ही सी तुम हो एक कली.....
जीवन में जो चाहो वो रब से तुम्हें मिले,
गम से अनजान रहो, मिले सब जीवन के सुख तुम्हें,
मिले कोई दोस्त तुम्हें जो हाथ थाम ले,
जिसके आने से जीवन में मुस्कान जाग जायें,
जीवन की हर परीक्षा में जो तुम्हारा साथ दे,
पापा के दिल का टुकड़ा हो तुम, माँ की सहेली,
मेरी प्यारी नन्ही सी तुम हो एक कली.....

सत्ता

सत्ता की पगड़ी पहनकर बनते है ये रखवाले,
श्वेत वस्त्रों को पहनकर बनते है ये मतवाले,
हमारी ही जेबों को खाली करके,
हाँ कुछ ही दिन में अपनी खाली जेबों को ये भरते है,
देश के विकास के नाम पर, अपना उद्धार ये करते है,
सत्ता की पगड़ी पहनकर बनते है ये रखवाले.... ।।।।।
जाति धर्म के नाम पर लोगों को खूब लड़ाते है,
उनके कंधे पर बंदूक रखकर अपनी दुनिया खूब चलाते है,
वोटों को पाने की ख़ातिर ये लोगों को विभक्त करते है,
हमारा राशन हमको मुफ़्त में देकर दिलों में राज ये करते है,
सत्ता की पगड़ी पहनकर बनते है ये रखवाले.....
ना जाने कितनी विकास योजनाएँ रोज़ चलाते है,
उन योजनाओं पर अनगिनत रुपया ये दिखाते है,
काग़ज़ों में ही पूरी होती इसकी सब योजनाएँ,
हाँ उन योजनाओं में ये अपने भविष्य योजनाएँ खूब सजाते है,
सत्ता की पगड़ी पहनकर बनते है ये रखवाले..... ।।।।।।।
पहले ये धर्म के नाम पर लोगों को खूब लड़ाते है,
जातिवाद के नाम पर फूट ये डलवाते है,
फिर उनका मसीहा बनके ज़ख्मों पर मरहम ये लगाते है,
और अपनी जय जयकार कराते है,
सत्ता की पगड़ी पहनकर बनते है ये रखवाले..... ।।।।

इनके विपरीत गया जो कोई, ये अपना असली रंग दिखाते है,
जाने कितने चार्ज लगवाकर उन लोगों को सबक़ सिखाते है,
और बाकी जनता के आगे कितने कोमल बन जाते है,
सत्ता की पगड़ी पहनकर बनते है ये रखवाले..... ॥॥

अनाथ

रेगिस्तान में फैले रेत के जैसी अपनी एक कहानी है,
अपनों के बिना ही रहना बस यही जिंदगानी है,
कौन है मेरा जन्मदाता इस पहचान से मैं बेगाना हूँ,
बस अकेला तन्हा चल रहा हूँ यही मेरी जिंदगानी है,
रेगिस्तान में फैले रेत के जैसी अपनी एक कहानी है.....
ना सिर पर हाथ किसी का, ना कोई अपना कहने वाला है,
लोगों के ताने बानों में उलझी मेरी जिंदगानी है,
रेगिस्तान में फैले रेत के जैसी अपनी एक कहानी है.....
की किसी की गलती की सजा मैं पाता हूँ,
हर दिन मैं कटघरे में दुनिया के आगे खड़ा हो जाता हूँ,
ख़ुशियाँ मेरी रेत के जैसी, कुछ पल में फिसल जाती है,
जीवन में मेरी सिसकियाँ ही रह जाती है,
रेगिस्तान में फैले रेत के जैसी अपनी एक कहानी है.....
माँ की छाया क्या होती है, पिता का साया क्या होता है,
मैं भी पाना चाहता हूँ,
माँ के आँचल की छाँव में सोना चाहता हूँ,
पिता की प्यार भरी फटकार मैं खाना चाहता हूँ,
हर रिश्तों के प्रेम को मैं भी महसूस करना चाहता हूँ,
कोई मेरा भी अपना हो ये सुख नहीं मेरे भाग्य में,
अनाथ की संज्ञा ही अब मेरी जिंदगानी है,
रेगिस्तान में फैले रेत के जैसी अपनी एक कहानी है.....
अपना जीवन कोरा काग़ज़ है, हर रंग से बेगाना है,
हर दिन जीवन में तेज तपिश है, हर रात अकेली है,

तन्हा, खामोश ही बस अपनी जिंदगानी है,
रेगिस्तान में फैले रेत के जैसी अपनी एक कहानी है.....
उजड़ा हुआ है चमन ये मेरा, मैं भी बहार चाहता हूँ,
मैं भी फूलों के जैसा खिलना चाहता हूँ,
मैं भी जीवन में सम्मान के पल बटोरना चाहता हूँ,
पर मैं एक बेजान फूल हूँ, यही मेरी जिंदगानी है,
रेगिस्तान में फैले रेत के जैसी अपनी एक कहानी है...।

मन के गलियारे में

मन के गलियारे में हलचल होने लगीं है,
साज बजने लगा है, हवा भी गुनगुनाने लगी है,
मन के गलियारे में प्रेम की धुन बजने लगीं है,
मन मदहोश होने लगा है, मन में अजब हलचल हुई है,
ये कैसा जादू हुआ है मन झूमने लगा है,
मन के गलियारे में हलचल होने लगीं है.....
हवाओं में प्रेम की महक है, चप्पा चप्पा गुलजार हुआ है,
मन में अजब सी है खुशबू छाई
प्रेम की शहनाई बजी है,
दिल मेरा झूमे है गाए, खुशियों के गीत गुनगुनाए,,
मन के गलियारे में हलचल होने लगीं है.....
मैं राधा सी दीवानी होने लगीं हूं,
पतझड़ में भी मैं खिल रही हूं,
मन मेरा दीवाना पागल हुआ है,
फिर मैं जीवन को जीने लगीं हूं,
मन के गलियारे में हलचल होने लगीं है.....
फिजाओं में सावन की ऋतु है छाई,
प्रेम की रागिनी गुनगुनाए,
मिट्टी में भी है प्रेम की खुशबू,
हर कोई प्रेम गीत गाए,
मन के गलियारे में हलचल होने लगीं है.....

गीत

एक गीत गाऊँगी मैं,

साज गुनगुनाऊँगी मैं,

प्रेम का राग गुनगुनाऊँगी मैं,

प्रेम जो किया तुझे इतना, उसे ताउम्र निभाऊँगी मैं,

एक गीत गाऊँगी मैं.....

प्रेम मेरा तुझसे, सागर से गहरा,

ना नाप पाओगे, उसकी गहराइयों को,

तेरे प्रेम को ताम्र निभाऊँगी मैं,

एक गीत गाऊँगी मैं.....

प्रेम मेरा तुझसे आकाश से ऊँचा,

ना समझ पाओगे मेरे असीम प्रेम को तुम,

प्रेम जो किया तुझसे मैंने, उसे ताम्र निभाऊँगी मैं,

एक गीत गाऊँगी मैं.....

प्रेम मेरा चाँद तारों से भी उज्जवल,

जो दिन रात चमकता रहता है,

मेरे प्रेम की उम्र ना होगी ताम्र कम,

प्रेम जो किया तुझसे मैंने, उसे ताम्र निभाऊँगी मैं,

एक गीत गाऊँगी मैं.....

प्रेम मेरा तुझसे राधा के जैसा,
जीवन बेला से जीवन संध्या तक जो हर पल बढ़ता जाता है,
तेरे लिए मैं छोड़ दूँ दुनिया,

प्रेम मैं इतना करती हूँ,
तेरा मेरा सात जन्म तक साथ रहेगा,
रब से दुआ मैं करती हूँ,
प्रेम जो किया तुझसे राधा के जैसा, उसे ताम्र निभाऊँगी मैं,
एक गीत गाऊँगी मैं.....

नदियां की धारा

नदी की धार जैसी है जिन्दगी अपनी,

कभी इस पार, कभी उस पार बहती है जिन्दगी अपनी,

दो किनारे हो कर भी अलग है सदा,

धार की मौजों से ही मिल जाते है,

बेबुनियाद है अक्स हमारा सदा,

फिर भी लहरों में खुद को खोजते है हम,

नदी की धार जैसी है जिन्दगी अपनी,

कभी इस पार, कभी उस पार बहती है जिन्दगी अपनी.....

आएं तेज तूफ़ान तो शायद मिल जाए हम,

छू के एक दूजे को फिर तन्हा हो जाएं हम,

गुजरती है लहरें फिर भी खामोश मन,

धार के विपरीत है अक्स हमारा सदा,

फिर भी भंवरों में खुद को खोजते है हम,

नदी की धार जैसी है जिन्दगी अपनी,

कभी इस पार, कभी उस पार बहती है जिन्दगी अपनी.....

खामोश मन मेरा कहता सदा,

खुद ही नदियां हूं फिर भी प्यासी हूं मैं,

बुझाती हूं प्यास सदा सबके मन की,

फिर क्यों इतनी अधूरी हूं सदा,

मिल जाती हूं सागर के आगोश में,

फिर भी सदा तन्हा हूं मैं,

नदी की धार जैसी है जिन्दगी अपनी,

कभी इस पार, कभी उस पार बहती है जिंदगी अपनी.....

कृष्णा

मेरे अन्तर्मन के झरोखों में तेरी प्यारी सूरत बसती है,

मेरे मन की बस्ती में तेरी न्यारी मूरत रहती है,

होंठों पर तेरा नाम है कृष्णा, मन में तेरी छवि निराली है,

मेरी हर सांसों में बस तेरी छाया रहती है,

मेरे अन्तर्मन के झरोखों में तेरी प्यारी सूरत बसती है.....

मेरे सुखों के पल में मेरी जीवन की तू बगिया है,

जब दुःख आएं मेरे जीवन में,

उन दुःखों में तू सच्चा साथी है,

मेरे अन्तर्मन के झरोखों में तेरी प्यारी सूरत बसती है.....

मेरा मन का गलियारा कृष्णा तेरे नाम से पहले सूना था,

सूनी मन की बस्ती थी,

ये जीवन कृष्णा निरर्थक था,

मिला साथ तेरा जब से कृष्णा,

जीवन अब सार्थक लगता है,

मेरे अंतर्मन के झरोखों में तेरी प्यारी सूरत बसती है.....

प्रभु जब जब भी मुझे जन्म मिले,

सदा तेरा ही साथ मिले,

जब जीवन नाव मेरी डूबे, तब तेरे चरणों में स्थान मिले,

मेरे अन्तर्मन के झरोखों में तेरी प्यारी सूरत बसती है.....

बारिश की बूँदे

ऐ बारिश की बूँदें बता दे ज़रा, इतना सुकून तुझे कहाँ से मिला,
तू मेरे कृष्णा की बनायीं सुंदर कल्पना है क्या?
बड़ा अनोखा संजोग है तेरा बरसना, लगता है धरती से अम्बर का मिलन है यहाँ,
तेरे आने से आती फिजाओं में महक है, तेरे आने से गुलजार होता जहाँ है,
तू अद्वितीय सुंदर, तू देती सुकून है,
ऐ बारिश की बूँदें बता दे ज़रा,तू मेरे कृष्णा की बनायीं सुंदर कल्पना है क्या?
तेरे बरसने से चमन होती है बगिया, गुलज़ार होता है धरती का कोना कोना,
तेरे आने से प्रकृति भी है गुनगुनाती, हर पल हर क्षण प्रेम के गीत गाती,
प्रकृति को मिलती शक्ति तुझ ही से
तू प्रकृति की उत्पत्ति का कारण है यहाँ,
ऐ बारिश की बूँदें बता दे ज़रा, तू मेरे कृष्णा की बनायी सुंदर कल्पना है क्या?
ऐ बारिश तेरे आने से नदियाँ भी चहकें, कल कल कर वो गुनगुनायें,
सागर की लहरे भी है ख़ुशियाँ मनायें,
हर कोई यहाँ प्रेम के राग गाये,
तेरे आने से फिजाओं में आती बहार है,
ऐ बारिश की बूँदें बता दे ज़रा, मेरे कृष्णा की बनायी सुंदर कल्पना है क्या?
ऐ बारिश तेरे आने से होती है हर मन में ठंडक,
पंछी चहकते है हर पल हर क्षण,
हर प्रेम का अनूठा मिलन है तू,
तेरे आने से बंधता है प्रेम का समां
ऐ बारिश की बूँदें बता दे ज़रा, मेरे कृष्णा की सुंदर कल्पना है क्या....?

अधूरी कहानी

खुली किताब है जिंदगानी हमारी, बिना तेरे अधूरी है कहानी हमारी,
मेरी रूह में तुम बसे हो, बिन तुम्हारे अधूरी दास्ताँ है हमारी,
खुली किताब है जिंदगानी हमारी, बिना तेरे अधूरी कहानी हमारी.....
मेरे ख्वाबों में तुम बसे हो, मेरे सपनों में तुम बसे हो,
मेरी आत्मा में तुम बसे हो, बिना तेरे अधूरी है जवानी हमारी,
खुली किताब है जिंदगानी हमारी, बिना तेरे अधूरी है कहानी हमारी.....
कांटों भरी जीवन की डगर है, पग पग पर चुभते है कंकर पत्थर,
हर राह में फूलों की सेज हो तुम, बिन तेरे अधूरी है मंजिल हमारी,
खुली किताब है जिंदगानी हमारी, बिना तेरे अधूरी है कहानी हमारी,
मेरे जीवन की गाड़ी तुम्ही से है चलती, मेरे जीवन की पूंजी तुम्हीं हो,
मेरे सांसों में मितवा तुम बसे हो, बिन तेरे सांसे अधूरी हमारी,
खुली किताब है जिंदगानी हमारी, बिना तेरे अधूरी है कहानी हमारी.....
बहारें भी तुमसे, फिजाएं भी तुमसे,
मेरे जीवन का बसंत हो तुम, बिन तुम्हारे पतझड़ है कहानी हमारी,
खुली किताब है जिंदगानी हमारी, बिना तेरे अधूरी है कहानी हमारी.....
मेरी हर इबादत में तुम हो, मेरी प्रार्थना में तुम हो,
कृष्णा से सदा मैं मांगती हूं तुमको, बिन तेरे है अधूरी प्रार्थना हमारी
खुली किताब है जिंदगानी हमारी, बिना तेरे अधूरी है कहानी हमारी.....

अधूरी कल्पना

किन्नर! ना स्त्री ना पुरुष, कृष्णा की वो रचना जो अपने अंदर असीम पीड़ा उठाये पूरा जीवन समाज से विरक्त अपमानित जीवन जीती है, संसार के किसी भी समाज में किन्नरों के लिए कोई स्थान नहीं है। शुभ अवसर पर नृत्य और दुआओं के लिए एक सीमित समय के लिए बुलाया जाता है! किन्नरों की उत्पत्ति के बारे में कथन है कि वे यह कि वे ब्रह्मा की छाया अथवा उनके पैर के अंगूठे से उत्पन्न हुए हैं और दूसरा यह कि अरिष्ठा और कश्यप उनके आदि जनक थे। हिमाचल का पवित्र शिखर कैलाश किन्नरों का प्रधान निवास-स्थान था, जहाँ वे शंकर भगवान की सेवा करते है। रामायण, महाभारत पुराणों में भी किन्नरों की चर्चा की गयी है, महाभारत में शिखंडनी और अज्ञातवास में अर्जुन में किन्नर का रूप लिया था। प्राचीन से वर्तमान अर्थात आज तक हिजड़ों की न आवाज है, ना नाम, ना परिवार, ना इतिहास, ना प्यार, ना सोच, ना खुशी, ना गम, ना हक, ना व्यक्तित्व। हिजड़े अदृश्य हैं, न केवल हमारे मुख्य धारा के समाज में बल्कि समाज के मन-मस्तिष्क के भीतर भी। अपनी अलिंगी देह को लेकर जन्म से मृत्यु तक अपमानित, तिरस्कृत और संघर्षमयी जीवन व्यतीत करते हैं तथा आजीवन अपनी अस्मिता की तलाश में ठोकरें खाते हैं। हिन्दी साहित्य में लिखी आत्मकथाओं में देखने पर सहज ही ज्ञात होता है कि इन किन्नरों का जीवन कितना कठिन और संघर्ष से भरा है। 'मैं पायल' उपन्यास में यह गीत किन्नरों के सामाजिक यथार्थ को दर्शाने

दृष्टि से अत्यन्त महत्वपूर्ण है – 'अधूरी देह क्यों मुझको बनाया/ बता ईश्वर, तुझे ये क्या सुहाया/ किसी का प्यार हूँ न वास्ता हूँ/ न तो मंजिल हूँ मैं न रास्ता हूँ/ कि अनुभव पूर्णता का हो न पाया/ अजब खेल यह तेरा! किन्नरों के लिए हम सभी को अपनी सोच बदलनी होगी उनको समाज में पहचान और नाम दोनों देने होंगे। जरा सोचो आप, वो भी हमारी तरह ही कृष्णा की रचना है, फर्क सिर्फ इतना है ईश्वर ने हमें सम्पूर्ण बनाया है और उन्हें अपूर्ण

हम सबको उनको हेय दृष्टि से देखने अपितु उनको भी समाज में स्थान दिलाने की एक कोशिश करनी होंगी।

ना स्त्री ना पुरुष, कृष्णा की तृतीया रचना हूँ मैं,
मेरे दुख की पीड़ा का अनुभव स्वयं कृष्णा भी ना कर सके,
ना मान ना सम्मान है ना ही समाज में कोई स्थान है मेरा,
जन्म से ही अभिभावक ने अपने सुख से वंचित किया मुझे,
खोखले समाज के डर से जाने किसके हवाले किया मुझे,

ऐ मेरे पिता! ना उठे अपने पुरुषार्थ पर उँगली, इस डर से अपने जीवन से रुखसत किया मुझे,
पल में छिनी पहचान मेरी अपनों से मिली विदाई मुझे,
अंजान के हाथों में सौंपी जीवन की डोर मेरी,
समाज से मिला बहिष्कार मुझे जीवन भर का मिला अपमान मुझे,
ना शिक्षा मेरे भाग्य में, ना मित्र ना जीवन का कोई सुख मेरे भाग्य में,
गुरुदेव ही मेरे अब अभिभावक है हर दिन अब काँटे के बिस्तर है,
किसी परिवार में सम्माननीय स्थान नहीं है मेरा,
फिर भी हर शुभकारज में मेरी दुआ जुड़ी है,
अपना जीवनयापन के लिए स्त्री रूप मैं रखती हूँ,
नृत्य ताली से अपना पेट मैं भरती हूँ, आज तक कोई सम्मान का काम ना मिला है मुझे,
किसी दुकान किसी सरकारी दफ्तर में ना स्थान मिला है,
भीख तक मांगती हूँ मैं अपने पेट की खातिर,
मेरे किसी भी दुख में सरकार खड़ी नहीं है,
ना जाने मुझे कितना तिरस्कार मिला है,
उसको सुनने वाला भी ना खड़ा,
क्यों गिला करूँ औरो पर जब मेरे अपनों ने ही मुझे त्यागा है,
माँ जिसे दुनिया कहते है, उसी ही ने घोर नरक में मुझे डाला है,
ऐ माँ! लिंग त्रुटि क्या दोष मेरा है, कृष्णा ने मुझे बनाया है,
मेरे किसी दर्द की कोई दवा तक नहीं है,

मेरे भी जज़्बात है कृष्णा, मेरे भी सीने में दिल है,

मैंने भी सपनें देखे है मैं भी कोई अपना चाहती हूँ,

मैं भी किसी का साथ चाहती हूँ, मैं भी व्याह रचाऊं, लाल जोड़ा, नाक में नथनी, कुमकुम माँग सजाऊं,

बन प्रतिवर्ष अराबन दुल्हन दिन सोलह सुहागन अभागी, फिर विधवा हो जाती हूँ,

मुझे देख सब कहते है बचकर निकलो, वो जा रही है किन्नर,

पुलिस घसीट ले जाती है, जैसे स्वान पिंजरा,

मेरा जीवन अभिशाप है हर दिन,

मिले इस चोले से मुक्ति, बस कृष्णा से यही है विनती,

मैं खुद बन कर नहीं आयी हूँ, मातृ पितृ से जन्मी हूँ मैं,

फिर ये कैसी नियति है कृष्णा! जो हम पर ब्रज पात पड़ा है,

तेरी बनायीं लम्बी चौड़ी दुनिया में ना कोई स्थान मिला है ना कोई स्थान मिला है,

मेरे मरने पर कोई शोक करने वाला भी ना खड़ा है,

ये कैसी घड़ी है ये कैसी विवशता है,

जूते चप्पल मार लाश को, कहते है लौट ना आना लौट ना आना,

मृत्यु प्रान्त भी अपमान ही मिला है,

ये कैसी विवशता ये कैसी नियति है.....।

मां तू है कहां

चाँद तारों में तू खोयी है कहाँ, घने आसमान में तू सोयी है कहाँ,
माँ! मैं तुझे ढूंढ़ता हूँ यहाँ से वहाँ, तू कहाँ है, कहाँ है, कहाँ है मेरी प्यारी माँ?
कहती थी तू : मैं तेरे मंदिर का दीप हूँ,
मैं तेरे जीवन की नींव हूँ, लायी थी तू मुझे इस संसार में,
तेरी आँचल की छाँव में मैं पला बढ़ा, तेरी उँगली पकड़ कर मैं पग पग बढ़ा,
हर दिन तूने मीठी लोरी थी सुनाई, हर प्यार मुझपर अपना था वारा,
अब मैं तेरे लिए जीना चाहता हूँ माँ, ढूँढता हूँ तुझको दर बदर मेरी माँ,
इन घने बादलों में तू छुपी है कहाँ, कहाँ है, कहाँ है मेरी माँ?
तेरे बिना जीवन, मेरा बंजर है माँ,
तेरे साये बिना मेरा जीवन निरर्थक है माँ,
चाँद तारों में तुझे ढूंढता हूँ मैं, तू कहाँ है, कहाँ है मेरी माँ.....?
कृष्णा ने भेजा था तुझे मेरे लिए, तेरे साये में मैं महफूज था,
तेरी छाँव में हर गम से बेगाना था मैं,
धरा के कोने कोने में तुझे ढूंढ़ता हूँ मैं, कहाँ है, कहाँ है मेरी माँ?
छुपा छुपी बहुत हुई, मेरे पास आ जाओ माँ, मेरे पास आ जाओ माँ,
सूरज की किरणों में ढूंढता हूँ मैं, कहाँ है, कहाँ है मेरी मां
इस छोटे से जीवन में कितनी तपिश है।
यहाँ हर कोई चालसाजी रचे खड़ा है,
तू मेरे हर दुःख में थी मेरी साथी,
इन पहाड़ो आसमानों में मैं तुझे ढूंढ़ता हूँ,
इन नदी झरनों में तुझको ढूंढ़ता हूँ मैं माँ,
तू कहाँ है, कहाँ है, कहाँ है मेरी माँ.....?

साजन

मन कुछ कहता है सुनो तुम साजन मेरे,

सुहाना मौसम है आ जाओ साजन मेरे,

मन कुछ कहता है सुनो तुम साजन मेरे.....

मेघ बरसे है हौले हौले, कान में कह दें धीमे से,

मन कुछ बहका है आ जाओ साजन मेरे.....

पैरो में पायल छनके, बालों में कजरा महके,

सुहाना मौसम है आ जाओ साजन मेरे,

मन कुछ कहता है सुनो तुम साजन मीर...

आँखों में ना निंदिया है सूनी है मेरी रतियाँ,

चाँदनी चमके है आ जाओ साजन मेरे,

मन कुछ कहता है सुनो तुम साजन मेरे.....

प्रीत की लगन लगी है सावन भी छम छम बरसे,

दीवाना मन है मेरा आ जाओ साजन मेरे,

मन कुछ कहता है सुनो तुम साजन मेरा.....

प्रेम की ऋतु है आयी, आसमान में बदरी छायी,

मोर भी झूमे गाये आ जाओ साजन मेरे,

मन कुछ कहता है सुनो तुम साजन मेरे.....

कर्म की गठरी

जीवन मृत्यु का खेल निराला,

अजब खेल तमाशा कृष्णा तेरा,

कर्म की गठरी बाँधें जीवन चलता,

हर दिन जीवन दोहरा रंग दिखाता,

अलग अलग हमें राह दिखाता,

फूलों और काँटों से सुसज्जित राह बताता,

माना फूलों की राह बहुत सरल है,

झूठ, फरेब धोखे से भरी है,

ये राह बड़ी आसान है साथी,

जीवन की हर खुशियों से भरी है,

किन्तु ये कर्मों की गठरी तुझे ही है ढोनी,

कोई नहीं उन कर्मों में भागीदारी,

दूजी राह काँटों से भरी है,

सच, मानवता त्याग समर्पण से सुसज्जित,

बहुत कठिन है इस पर चलना,

दुर्गम राह है, तपिश अधिक है

माना काँटे से भरी है किन्तु यश अधिक है,

कृष्णा, की कृपादृष्टि मिलती है,

अंत तेरा आसान है साथी,

अब तुझे ही जीवन राह है चुननी,

कर्मों की गठरी संग ही है चलनी,

ऐ मानव! जीवन को पथ भृष्ट मत करो तुम,

अजब तमाशा कृष्णा तेरा,

कितने नये रंग दिखाता,
चकाचौंध में हमको भटकाता,
अब निर्भर करता है हम पर,
चुने कौन सी राह जीवन की,
बुरे कर्मों की गठरी अधिक है भारी,
जीवन! कृष्णा का दिया अनंत खजाना,
नश्वर देह को उत्तम कर्मों में लगाओ,
हरि की दी देह को अनमोल बनाओ,
क्योंकि कर्मों की गठरी बाँधें जीवन चलता.....

सवाल अधूरा

जिंदगी एक सवाल अधूरा, जो प्रश्न चिन्ह बन कर रह जाता है,

अनकहे सुनहरे ख्वाबों का मेला, धुंधला सा रह जाता है,

रह जाती है यादें उसकी, अफसाना अधूरा रह जाता है,

जिन्दगी एक ख्वाब सुनहरी, यादें बन रह जाती है,

पथ में मिल जाते है मुसाफिर, दिल में तस्वीर रह जाती है,

जिन्दगी क्या है यादों का किस्सा, जो दिल में रह जाता है,

मन ने ख्वाबों की बस याद सुनहरी रह जाती है,

जिंदगी एक सवाल अधूरा, जो प्रश्न चिन्ह बन कर रह जाता है.....

जुड़ जाते है तार मन के, बेगाना अपना सा बन जाता है,

मन की गहराइयों में वो ख्वाब बन बस जाता है,

रह जाती है प्रीत अधूरी, अफसाना बन रह जाता है,

जिंदगी एक सवाल अधूरा, जो प्रश्न चिन्ह बन कर रह जाता है.....

मन में रह जाती है कितनी बातें, रह जाते हैं सवाल अधूरे,

धुंधली रह जाती है तस्वीरें, बीते पल यादों का गुलदस्ता बन रह जाते है,

ख्वाब देखें थे जो साथ मिलकर वो सपने ही रह जाते है,

जिंदगी एक सवाल अधूरा, जो प्रश्न चिन्ह बन कर रह जाता है.....

गुमनाम जिंदगी

गुमनाम हो गई है ज़िंदगी हमारी, अनजान हो गई है ज़िंदगी हमारी,
खूबसूरत था ज़िंदगी का सफ़र साथ तेरे, बिना तेरे बदसूरत हो गई है ज़िंदगी हमारी,
गुमनाम हो गई है ज़िंदगी हमारी.......
साथ चलते चलते सफर में हम जुदा हो गए है,
बिन तुम्हारे बेबस और तन्हा हम हो गए है,
साथ तेरे मुश्किल सफ़र भी आसान था साथी,
बिना तेरे ज़िंदगी एक सजा हो गई है,
गुमनाम हो गई है ज़िंदगी हमारी, अनजान हो गई है ज़िंदगी हमारी.....
तेरे साथ सहज था जीवन का सफ़र मेरा,
आज मुश्किल में है जीवन का सफ़र मेरा,
पुकारे तो किसको पुकारें सजना, ज़िंदगी अपनी गुमनाम हो गई है,
गुमनाम हो गई है ज़िंदगी हमारी, अनजान हो गई है ज़िंदगी हमारी.....
हर दिन बहारें थी जीवन में मेरे, फिजाओं में तेरी ही महक थी,
हवाएं भी गुनगुनाती थी प्रेम अपना, गुलज़ार था चमन साथ तेरे,
बिना तेरे हवाओं ने भी है मुख मोड़ा,
उजड़ा अब जीवन का चमन हो गया है,
गुमनाम हो गई है ज़िंदगी हमारी, अनजान हो गई है ज़िंदगी हमारी.....
गलियों में गूंजता था प्रेम हमारा, लोगों के मुंह पर था अफसाना हमारा,
पागल दीवाना था प्रेम हमारा, दफन हो गई अब कहानी हमारी,
गुमनाम हो गई है ज़िंदगी हमारी, अनजान हो गई है ज़िंदगी हमारी.....

प्रेम कहानी

जज्बातों की स्याही से लिखी मैंने एक कहानी है,
जिसे समर्पण, अर्पण कहते है ये वो प्रेम कहानी है,
भरें हो रंग प्यार के जिसमें, दीप जले हो स्नेह के जिसमें,
हर दुःख बन जायें एक दूजे को, ये वो प्रेम कहानी है,
जज़्बातों की स्याही से लिखी मैंने एक कहानी है.....
जीवन जीना जिसके बिन हो मुश्किल,
जो एक दूजे के पूरक हो,
बादल बिन जैसे बरसात ऐसी ये प्रेम कहानी है,
जज्बातों की स्याही से लिखी मैंने एक कहानी है.....
हर दुःख में जो साथ सदा हो, शीतलता की मूरत हो,
यादों में भी जो बसा हो ये वो प्रेम कहानी है,
जज्बातों की स्याही से लिखी मैंने एक कहानी है.....
हवाएं भी गुनगुनाये प्रेम को जिसके,
समय भी रुक जाये जिसके प्रेम के आगे ये वो प्रेम कहानी है,
जज्बातों की स्याही से लिखी मैंने एक कहानी है.....
प्रेम हो सागर से भी गहरा,
चांद तारे भी जिस प्रेम की बातें करते हो,
रूह से रूह में जा मिले ये वो प्रेम कहानी है,
जज्बातों की स्याही से लिखी मैंने एक कहानी है.....
दिया बाती जैसा साथ हो जिसका,
तोता मैना सा प्रेम हो जिसका,
दीवाना मन पागल रहता हो ये वो प्रेम कहानी है,

जज्बातों की स्याही से लिखी मैंने एक कहानी है.....
राधा सी प्रीत जो जिसकी, मीरा जैसी दीवानी हो,
त्याग हो मेरे कृष्ण जैसा ये वो प्रेम कहानी है,
जज्बातों की स्याही से लिखी मैंने एक कहानी है.....

फना

अपनी अधूरी कहानी लिए जा रहे हैं, हंसीं वादियों में फना हुए जा रहे हैं,
ना शिकायत किसी से, ना शिकवा किसी से,
जिंदगी का बोझ यूं ही ढोए जा रहे है,
अपनी अधूरी कहानी लिए जा रहे हैं.....

जीवन का दीप बुझे जा रहा है, बहारों में भी अब मन जल रहा है,
उजालों में हम फना हुए जा रहे हैं, अपनी अधूरी कहानी लिए जा रहे हैं......
ना कल की है चिंता, ना डर है किसी का, बस बेखौफ ज़िंदगी को जिए जा रहे हैं,
गुमनाम दुनिया में हम फना हुए जा रहे हैं,
अपनी अधूरी कहानी लिए जा रहे हैं.....

पैरो की छाप अब मिट सी रही है, वजूद अपना गुम हो रहा है,
अंधेरी अपनी दुनिया हो रही है, चांद तारों में हम फना हुए जा रहे हैं,
अपनी अधूरी कहानी लिए जा रहे हैं.....

मन का दर्पण अब धुंधला हो रहा है, बारिश में भी सुकून छिन सा रहा है,
बादलों में हम फना हुए जा रहे है,
अधूरी कहानी लिए जा रहे हैं.....

फूलों की बगिया झुलस सी रही है, कांटों भरी अब जिंदगी हो गई है,
बसंत में भी पतझड़ सा मन हो रहा है, कांटों में हम फना हुए जा रहे हैं,
अधूरी कहानी लिए जा रहे हैं.....

कृष्णा

ऐसे शब्द नहीं है कृष्णा, मैं तुझपर कुछ लिख सकूँ,
मुझमें ये सामर्थ्य नहीं, तेरे शौर्य त्याग को कह सकूँ,
जन्म लिया माँ देवकी से, मिला यशोदा का सुख,
वासुदेव थे पिता उनके, प्रेम मिला नंदलाल का,
छूटा माँ पिता का सुख त्याग कन्हैया लाल का,
वंचित रहे हर सुख से कृष्णा ऐसा त्याग नंद लाल का,
ऐसे शब्द नहीं है कृष्णा, मैं तुझपर कुछ लिख सकूँ.....
तेरे त्याग, समर्पण का इतिहास साक्षीकार है,
मामा कंस ने ही तुझे मारने की ठानी थी,
आपने ही बाल्यपन में अपने जीवन की दी कुर्बानी थी,
सही हर कदम ये तूने षड्यंत्र की एक कहानी थी,
बने हर ग्वाले के मित्र, ना किया कोई भेदभाव तुमने,
जीवन के हर मोड़ पर दिखायी अद्भुत लीला तुमने,
तेरी हर लीला का इतिहास साक्षीकार है,
तेरे अद्भुत प्रेम का इतिहास साक्षीकार है,
ऐसे शब्द नहीं है तुझपर कुछ लिख सकूँ.....
हर गोपी के हृदय के प्रेम तुम,
हर बाँसुरी की मधुर धुन हो तुम,
हर साज की आवाज़ तुम,
हर गीत के तान तुम,
राधा के हो मीत तुम,
मीरा के हो प्राण तुम,
मेरे जीवन की ज्योति तुम,

कैसा त्याग कृष्णा तेरा, जीना चाहते थे राधा
मिला भी ना साथ उनका,
आजीवन मेरे कृष्णा रहे, राधा बिना श्याम,
मुझमें ये सामर्थ्य नहीं तेरे त्याग को कह सकूँ.....
पग पग पर थे तेरे राह में काँटे कृष्णा,
फिर भी हर राह में मुस्कान के फूल
बिछा तुमने,
हर जीवन के तुम सुख बने,
हर गोपी के बने तुम कृष्णा,
हर माँ के तुम हो कन्हैया,
हर जीवन के तुम प्राण हो,
मुझमें ये सामर्थ्य नहीं मैं तेरे त्याग को कह सकूँ,
ऐसे शब्द नहीं है मैं तुझपर कुछ लिख सकूँ.....
महाभारत का युद्ध हुआ,
दुनिया को चलाने वाले बने अर्जुन के सारथी तुम,
दिया गीता का ज्ञान तुमने,
सबको जीवन देने वाले मेरे कृष्णा,
एक भील के तीर से मरे तुम,
मुझमें ये सामर्थ्य नहीं मैं तेरे त्याग को कह सकूँ,
ऐसे शब्द नहीं है, मैं तुझ पर कुछ लिख सकूँ.....

हारा हुआ हूं राही

मैं हारा हुआ हूं राही, गुम हो गई है मेरी मंज़िल,
जीवन की गोधूली में गुमनाम हो गई है मेरी हस्ती, मैं हारा हुआ हूं राही.....
चांद तारों से उज्जवल था अपना जीवन, सूरज सा रोशन था तेज अपना,
पर वक्त के प्रवाह में खो दिया वजूद अपना,
मशहूर थे जो हम कल तक, आज गुमनाम हो गए,
मैं हारा हुआ हूं राही, गुम हो गई है मेरी मंज़िल.....
सागर की लहरों से हम छूते थे किनारे को,
आँखों में अनगिनत सपने थे, जो बंद मुट्ठी में थे अपने,
वक्त के आगोश में कही खो गए मेरे सपने,
शांत लहरों सा है अपना जीवन, दूर तक किनारा नहीं है,
मैं हारा हुआ हूं राही, गुम हो गई है मेरी मंज़िल.....
आकाश में घूमता था मैं बनके एक परिंदा,
ऊंची थी मेरी मंज़िल और हौसला बुलंद था,
वक्त की रेत में कट गए पंख मेरे,
झटपटाता हूं मैं पल पल, बिखर गए मेरे सपने,
गुमनाम है मेरी जीवन, गम हो गई है मेरे सपने,
मैं हारा हुआ हूं राही, गुम हो गई है मेरी मंज़िल.....
फूलों से महकाते थे हम इस जहां में,
गुलज़ार था जीवन, तबस्सुम सा खिलता था अपना मधुवन,
वक्त के वेग में मुरझा गई अपनी बगिया,
उड़ चुकी है इत्र की खुशबू, जर्जर है अपना मधुवन,
मैं हारा हुआ हूं राही, गुम हो गई है मेरी मंज़िल.....

विचलित मन

ईश्वर ने हम सभी को चाहें मनुष्य हो या जानवर स्वतंत्र जीवन दिया है और सभी को अधिकार दिया है कि सब अपने हिसाब से जीवन जीयें किंतु आज हम प्राणियों ने जानवरों को पिंजरे में बन्द कर दिया है। आइये, एक कविता के माध्यम से उनकी मनोदशा को समझने की कोशिश करते है......

ऐ मानव! झटपटा रहा हूँ इस बंद पिंजरे में मैं,

खुले आकाश में उड़ान भरने दो मुझे,

नभ से अंबर तक की दूरी तय करने दो मुझे,

इस पिंजरे में मेरा दम घुट रहा है,

खुली हवा में सांस लेने दो मुझे,

मुझे कृष्णा ने भेजा है,

आकाश से मिलने को, चाँद तारों से बातें करने को,

मेरे पंखों को उड़ान भरने दो,

झटपटा रहा हूँ इस बंद पिंजरे में मैं.....

जंगल में खुला घूमने दो मुझे,

मैं जंगल का राजा हूँ,

पिंजरे में मत रहने दो मुझे,

ऐ मानव कृष्णा ने भेजा है, जंगल में हुकूमत करने के लिए मुझे,

मुक्ति दो इस पिंजरे से मुझे,

झटपटा रही हूँ इस जल कक्ष में मैं.....

मुझे सरोवर, नदी सागर में रहने दो मुझे,

छोटे से जल कुंड में मेरा दम घुट रहा है,

असीम सागर में विचरण करने दो मुझे,

तुम्हारी तरह मैं भी अपने मित्रों, परिवार के साथ रहना चाहती हूँ,

इस जल कुंड में कैद ना करो मुझे,

झटपटा रहा है मन और आत्मा मेरी,
झटपटा रहा हूँ इस बंद पिटारे में.....
जंगल में विचरण करने दो मुझे,
बहुत विष है मेरे अंदर,
मुझे चंदन से शीतलता लेने दो मुझे,
झटपटा रहा है मन मेरा इस बंद पिंजरे में.....

रैन बसेरा

जीवन एक रैन बसेरा आना और जाना है,
जीवन बेला से संध्या तक कुछ कर जाना है,
ये जन्म मिला है क़िस्मत से, ये जीवन मिला है क़िस्मत से,
अनंत ख़ज़ाना जीवन का पुण्य कर्मों में लगाना है,
जीवन एक रैन बसेरा आना और जाना है।
जीवन पर्यन्त झगड़े है जीवन एक माया है,
बस साथ में सबके पुण्य कर्मों को ही जाना है,
पुण्य कर्म में लगा दे खुद को,
बस अंत में वही रह जाना है,
जीवन एक रैन बसेरा आना और जाना है।
दुनिया बड़ी ज़ालिम है जीने नहीं देती है,
मायूस ना कर ख़ुद को ये रास्ता अंजाना है,
जीवन की हर परीक्षा को तुझे हँसकर पार लगाना है,
जीवन एक रैन बसेरा आना और जाना है।
अकेले आयें थे अकेले ही जाना है,
फिर क्यू किसी से उम्मीद लगाना है,
खुद को बना ले ऐसा,
जब तू जाये तो खुद मिसाल बन जाये,
जीवन एक रैन बसेरा आना और जाना है।
कोई गलती हुई हो तुझसे तो अफ़सोस ना कर खुद पर,
हर गलती से सीख कर खुद को बेहतर बनाना है,
अग्नि में तपकर खुद को कुंदन बनाना है,
जीवन एक रैन बसेरा आना और जाना है।

तन्हा जीवन

रंगहीन समां रंगहीन नजारा है,

ज़िंदगी मेरी एक कोरा फ़साना है,

ना कोई मंजिल है ना कोई साथी है, अपनी तो बस एक तन्हा कहानी है,

ना कोई उमंग जिसमें, ना कोई तरंग है जिसमें,

खामोश अपनी जिंदगी की कहानी है,

रंगहीन समां रंगहीन नजारा है,

ज़िंदगी मेरी एक कोरा फसाना है.....

धुआं ही धुआं है जीवन में, सूरज छुप गया है कही दूर बादलों में,

धुंध सी छाई है मन में दूर तक कोई अपना नहीं है,

धुंधला सा है मन का दर्पण, अंधेरी अपनी कहानी है,

रंगहीन समां रंगहीन नजारा है,

ज़िंदगी मेरी एक कोरा फसाना है.....

अकेला है जीवन का सफ़र हमारा,

अकेला है हर लम्हा हमारा, अकेला जीवन का हर पन्ना हमारा,

अकेली जीवन की कहानी है हमारी, अकेली है जिंदगानी हमारी,

रंगहीन समां रंगहीन नजारा है,

ज़िंदगी मेरी एक कोरा फसाना है.....

जीवनसाथी

बिन तेरे ये जीवन अधूरा, बुझे हुए दीप के जैसा,
धुआं ही धुआं है जिसमें, बिन तुम्हारे अंधेरे में जीवन मेरा,
बिन तेरे ये जीवन मेरा.....
मेरी सांसों में तुम बसें हो, मेरे चेहरे का नूर तुम हो,
जीती हूं बस तुझे देखकर मैं, तेरे जीवन की डोर तुम हो,
बिन तुम्हारे मैं ऐसे बिन जल मछली हो जैसे,
बिन तेरे ये जीवन अधूरा, बुझे हुए दीप के जैसा.....
बिन तेरे ये रंगहीन जीवन मेरा, कोरे कागज़ की कश्ती के जैसा,
बिन तुम्हारे ना कोई उमंग है, तन्हा अकेला ये कितना,
बिन तेरे हर सांस अधूरी, साथ तेरे मुसकुराता है जीवन मेरा,
बिन तेरे ये जीवन अधूरा, बुझे हुए दीप के जैसा.....
रूठ जाऊं मैं तुमसे कितना, फिर भी साथ तेरे कितना सुकून है,
दुनिया में कितने है अपने पर तुमसा कोई अपना नहीं है,
हर खुशी में मैं तुमको पुकारूं हर गम में मैं तुमको पुकारूं,
बिन तुम्हारे अधूरी ये जीवन की बगिया,
बिन तेरे ये जीवन अधूरा, बुझे हुए दीप के जैसा.....
भीड़ भरी दुनिया में बिन तेरे हम है तन्हा,
सूनी है मन की बस्ती, भाव विहीन है ह्रदय मेरा,
मेरा साया भी तुम हो, मेरी मंजिल भी तुम हो,
बिन तुम्हारे मेरी हर सांस है अधूरी,
बिन तेरे ये जीवन अधूरा, बुझे हुए दीप के जैसा.....

बिन तुम्हारे हम है अधूरे, कटी पतंग की डोर के जैसे,
ये साँसें भी रुक जाएं तुम बिन, ये जीवन भी रह जाएं अकेला,
बिन तुम्हारे हम है अकेले, सूखे पत्ते के जैसे,
जिसमें जीवन नहीं, जिसमें साँसें नहीं, मुरझाये हुए फूल के जैसे,
बिन तेरे ये जीवन अधूरा, बुझे हुए दीप के जैसा.....

सूनी दुनिया

मुझे रुलाकर मेरी दुनिया से तुम चले गये,

अपना बनाकर के तुम मेरी दुनिया से तुम चले गये,

तेरे संग कितना खुशहाल था हर लम्हा मेरा,

मुझे रुलाकर के तुम मेरी दुनिया से चले गये....

प्रेम का दीप जलाया था मेरे मन में,

बुझाकर के प्रेम के दीप को तुम चले गये,

मुझे रुलाकर मेरी दुनिया से तुम चले गये......

तुमने अपने साथ सतरंगी सपने दिखायें थे,

अंधेरी कर मेरी दुनिया को तुम चले गये,

मुझे रुलाकर मेरी दुनिया से तुम चले गये....

हाथ थामा था मेरा, किए थे वादे मुझसे,

उन वादे को झुठलाकर तुम चले गये,

मुझको रुलाकर मेरी दुनिया से तुम चले गये...

प्यार क्या होता है जानी मैं तुझसे थी,

मेरे प्रेम को रुसवा कर तुम चले गये,

मुझे रुलाकर मेरी दुनिया से तुम चले गये....

यादों का गुलदस्ता बनाया तूने,

मुझे अकेला कर तुम चले गये,

मुझे रुलाकर मेरी दुनिया से तुम चले गये.....

तुम बिन जीती हूँ पर ज़िन्दा नहीं अब मैं,

मुझे प्राणहीन कर तुम चले गये,

मुझे रुलाकर मेरी दुनिया से तुम चले गये.........

लकीरें

चेहरे पर आई लकीरें कुछ कह जाती है,
जीवन में मिले तजुर्बो की गाथा गा जाती है,
हर दर्द उभर आता है बन झुर्रियों का मेला,
हर सिलवट चेहरे की बताती संघर्ष की एक कहानी है,
कैसे पार करी बचपन से ये जवानी है,
कैसे पाएँ सफलता के पल, कैसे पार करें हर परीक्षा के पल,
चेहरे पर आई लकीरें कुछ कह जाती है.....
कैसे कोमल हाथों से बच्चे हमको छूते थे,
कैसे बच्चों के लिए सबसे सुंदर चेहरे कहलाते थे,
आज झुक सी गई है कमर, माथे पर सिलवट नजर आती है,
बच्चे कहते है बुढ़ापे की ओर मेरी मां नजर आती है,
चेहरे पर आई लकीरें कुछ कह जाती है.....
तिल तिल मेहनत कर बनाया था घरोंदा अपना,
इन हाथों से बनाया था जीवन बच्चों का,
हर हाथों की लकीरें बयां करती है संघर्ष की एक कहानी को, संघर्ष की एक कहानी को,
चेहरे पर आई लकीरें कुछ कह जाती है.....
ठोकर खा खा के घायल हुए है पैर,
जीवन संघर्ष से थक चुका है मन मेरा,
कितना कठिन है ये मानव जीवन, इसी संघर्ष को लकीरें बताती है,
जीवन के हर दुःख सुख को ये सिलवट कह जाती है,
चेहरे पर आई लकीरें कुछ कह जाती है.....
जर्रा जर्रा घायल हुआ है जीवन के सफर में,
मन का हर कोना थक गया है जीवन के इस सफर में,

अब थका हुआ मन कुछ विश्राम के क्षण चाहता है,
फिर से अपने बचपन में चले जाऊं ऐसे पल चाहता है,
कोई मेरी सुनने वाला है, कोई अपनी कहने वाला हो के,
जीवन में अब ठहराव के पल मन चाहता है,
चेहरे पर आई लकीरें कुछ कह जाती है.....

बलात्कार (आत्मा पर एक प्रहार)

नारी मिट्टी का खिलौना तुम, जिसे रौंदा मसला जाता है,

बनाया अद्भुत जिसे कृष्णा ने, उसे रुसवा किया जाता है,

कहते है देवी जिसे, मंदिर में बिठाया जाता है,

पर बलात्कार सदा उस ही नारी का किया जाता है,

कहते है जिसे शक्ति, मानव तेरी उत्पत्ति का कारण वो,

फिर क्यू उस ही औरत की इज्जत को सरे बाज़ार लुटाया जाता है,

क्यू देनी होती है हर परीक्षा नारी को,

क्यू उसकी आत्मा तक को रौंदा जाता है,

क्यू घिनौना दुष्कर्म नारी के साथ किया जाता है,

क्यू उठानी पड़ती है ज़िल्लत नारी को,

क्यू हैवानियत विजय पा जाती है,

क्यू जीवित रहकर भी सौ सौ बार वो मरती है

अंत में बस इतना ही—

नारी तू ही है जननी, तू ही माटी, तू ही नदियाँ की धारा, तू ही स्वच्छ हवा है, तू ही प्रेम का राग, तुझसे ही मानव जीवन सम्भव, तू शक्ति का भंडार, तू ही है इस जग का आधार, तू ही हर पुरुष की पहचान फिर क्यू मिला तुझे इतना अपमान, क्यू तू रौंदी फूल के जैसी जाती है, क्यू तू अपमान का घूंट पी जाती है, आइये निर्भया के लिए कुछ अल्फ़ाज़ समर्पित करें—

मेरी लाड़ली नन्ही कली थी तुम,

सपनों के देश से आयी मेरी परी थी तुम,

तुम्हारे भी हसीन सपने थे, तुम्हारे भी अरमान थे,

पापा की लाड़ली थी मेरे छवि तुम,

मेरी लाड़ली नन्ही कली थी तुम....

देखे थे जो छोटे गाँव से सपने, उन्हें बुलंदियों तक पहुँचने का अरमान था,

लोगों के दर्द को कम करने, उनकी मुस्कान वापस लाने का अरमान था,

एक होनहार छात्रा पैरामेडिकल की पढ़ायी पढ़ रही थी तुम,

मेरी लाड़ली नन्ही कली थी तुम....

एक दिन अपने मित्र के साथ पिक्चर से वापस लौटकर बस में बैठ कर आ रही थी वो,

बस में और छः लोग थे,

नहीं जानती थी आने वाले गम्भीर समय को वो,

तभी चालक सहित पाँचों ने हैवानियत दिखायी,

हर हद को अपनी पार कर लोहे की रोड उसके शरीर में घुसायी,

रूह तक को छलनी कर सड़क पर था फेंका,

दरिंदगी की सीमा तक उन्होंने पार की, उन्होंने पार की ....

सफदरगंज अस्पताल लाया गया निर्भया का जर्जर शरीर,

विकट की वेदना थी उसके शरीर पर,

जगह जगह से कटा फटा था निर्भया का शरीर,

बस अनंत पीड़ा सह रही थी वो छोटी सी बच्ची,

खुद हैवानियत भी शर्मसार थी देख के सब ये,

क्या हुआ होगा देखकर उस माँ का हाल,

हर रोज़ उसको बचाने को हो रही थी सर्जरी पर सर्जरी,

पर किसी भी चिकित्सा से ना मिल रहा था आराम, ना मिल रहा था आराम,

शरीर की स्थिति दिन पर दिन गिर रही थी,

निर्भया अपनी ज़िन्दगी और मौत से जूझ रही थी,

अपने दुःख पीड़ा को छोटी छोटी पर्चियों में लिखकर वो माँ को दे रही थी,

अपनी असीम पीड़ा को वो माँ से कह रही थी।।।।

पहला ख़त- माँ ।।असीम पीड़ा है मेरे तन मन पर,

जो दवाओं से भी ना कम होती है,

मैं मिटाना चाहती थी दर्द दूसरों का, अब मैं खुद ना खतम होने वाली पीड़ा सहती हूँ।।।।

दूसरा ख़त— बंद आँखों से अब डर लगता है मानो वो जानवर मुझे नोच रहे हो, आँखों को खुली रहने दो, आँखों को खुली रहने दो।

तीसरा ख़त- उन जानवरो के हाथों से शरीर हो गया है अपवित्र मेरा, आत्मा हो चुकी कुचली मेरी,

नहलाओ मेरे अपवित्र तन को, मन की कुंठा मिटाओ माँ।

चौथा ख़त— क्यू ना मुझसे मिलने आयें पिता, क्या मेरे पिता मुझसे रूठ गये है या मेरे दुःख से पीड़ित है मेरे पिता।

पाँचवां ख़त— माँ मिटा देना नामोनिशान उन जानवरों का या ज़िंदा ही जला देना।

छठा ख़त- माँ अब थक गया है मन, तन मेरा विश्राम के पल ये चाहता है, अब आजीवन तेरी छाँव में सोना चाहती हूँ।

बेटी मेरी अब दुनिया से रुखसत हो गयी,

ना जाने कितनी यातनाएँ सहकर दुनिया से वो विदा हुई,

न्याय के लिए जीना चाहती थी, खुद ही उन जानवरो को मिट्टी में मिलाना चाहती थी,

अब वो जीवन हार चुकी है पर इस माँ की बारी है,

जब तक ना मिलेगा इंसाफ़, तब तक चैन से ना मैं बैठूँगी,

जीवन की गोधूलि तक हर लड़ायी को मैं लड़ूँगी,

लगा दूँगी अपनी पूरी शक्ति पर हार नहीं मानूँगी मैं,

सूली चढ़वाकर उन दरिंदो को बेटी को इंसाफ़ दिलवाऊँगी मैं।

और वास्तव में हुआ भी ऐसा, निर्भया के लिए पूरा देश शोक में डूबा, सड़कों पर कैंडल मार्च निकाली गयी और देश में सभी लोगों ने निर्भया को इंसाफ़ दिलवाने की ठानी और सात सालो के कठिन प्रयास के बाद निर्भया के दोषियों को फाँसी दी गयी ॥

प्रेम की बेड़ियां

बेड़ियां प्यार की बंधी है हाथों में, पिया के नाम महंदी लगी है हाथों में,
कजरा महका है बालो में, पाँवों में पायल छनकी है,
हाथों में चूड़ी खनकी है, माथे पर बिंदियाँ चमकी है,
गौरी, सोलह सिंगार कर पिया से मिलने आई है,
बेड़ियां प्यार की बंधी है हाथों में, पिया के नाम महंदी लगी है हाथों में.....
साजन दर्पण है अब तेरे जीवन का,
प्रीत का रंग ओढा है गौरी तूने साजन का,
मिलन ऋतु है आई, बजे मन में है शहनाई,
रुप चमके है गौरी का मिलन की बेला आई
प्रेम के दीप जले है, मन झूमे है गाएं
बेड़ियां प्यार की बंधी है हाथों में, पिया के नाम की महंदी लगी है हाथों में....
ये जन्मों का बंधन है, दिल से दिल तक जुड़ा बंधन है
समर्पण, प्रेम की बेला, दो रूह का मिलन है ये,
एक दूजे के दुःख सुख है सजे,
प्रेम हर दिन और भी है गहरा,
बेड़ियां प्यार की बंधी है हाथों में, पिया के नाम मेहंदी लगी है हाथों में....
पिया संग प्रेम हर दिन बढ़ता जाता है,
हर रिश्तों से ऊपर पिया संग रिश्ता रह जाता है,
जीवन के अन्तिम क्षण तक बस यही साथ रह जाता है,
ये सुखद अहसास है मधुर प्रेम है ये,
जन्मों जन्मों का प्रेम है ये,
बेड़ियां प्यार की बंधी है हाथों में, पिया के नाम महंदी लगी है हाथों में...

सपनो की दुनिया

मदमस्त पवन चल सपनों के गांव में ले जा तू,
मेरे जीवन को महकाकर, नील गगन में उड़ चल तू।
हर भोर के संग तू आना, मन को सुख दे जाना,
कान में हौले से मेरे पिया का संदेश दे जाना,
एक प्रेम राग गा जाना, प्रीत की रीत निभाना,
मदमस्त पवन चल सपनों के गांव में ले जा तू.....
सांझ ढले तू आना पिया मिलन ऋतु संग लाना,
प्रेम गीत गाकर के मन में प्रीत की ज्योत जलाना,
तू दीवाना बनकर आना, मन को पागल कर जाना,
प्रीत की ज्योत जलाकर बादल बन बरस जाना,
मदमस्त पवन चल सपनों के गांव में ले जा तू......
मेरे सूने जीवन में आकर सुकून के पल दे दें तू,
मेरे जीवन को गुलजार कर खुशियों के पल दे दें तू,
बन के शीत लहर तू जन्मों जन्मों की खुशियां दे दे तू,
मदमस्त पवन चल सपनों के गांव में ले जा तू....
तेरी शीतल हवा के संग जो मिट्टी की खुशबू आती है,
धरती से अंबर तक प्रेम है कितना ये तू हमको दिखाती है,
मदमस्त पवन हर मन में प्रेम की वर्षा कर जाती है,
प्रेम से जीवन जियो सदा यही संदेश दे जाती है,
मदमस्त पवन चल सपनों के गांव में ले जा तू।

मेरे जीवन के दर्पण हो तुम

मेरे जीवन के तुम दर्पण हो, मेरी प्रीत की रीत हो तुम,

जिसे जन्मों जन्मों का बंधन कहते है, ऐसी रेशमी डोर हो तुम,

कितनी भी दूर चली जाऊं, मन मेरा तेरे पास ही रहता है,

हर पल तेरी चिंता रहती है, बस ध्यान तेरा ही रहता है,

मेरे जीवन का सिंगार हो तुम, मेरे चेहरे का नूर हो तुम,

मैं धरा हूँ, अम्बर हो तुम, मिलन का एक संजोग हो तुम,

मेरे जीवन का तुम दर्पण हो मेरी प्रीत की रीत हो तुम.....

मेरा साया हो तुम, मेरी पहचान हो तुम,

सूरज की पहली किरण हो, हर रात का ख्वाब हो तुम,

मेरे मन मंदिर में बस तेरा प्यार ही बसता है,

होंठों पर तेरे लिए दुआ, दिल में तेरा नाम ही रहता है,

मेरे जीवन के तुम दर्पण हो, मेरी प्रीत की रीत हो तुम....

जब जब दुःख आता है मेरी झोली में,

जीवन कांटों से घायल होता है,

तुम साथ मेरे, मेरा हाथ पकड़कर हर दुःख को हंसकर सह लेते हो,

जब जब भी मुझे जन्म मिले बस सदा तेरा साथ मिले,

तेरा सदा प्रेम मिले, तेरा सदा विश्वास मिले,

मेरे जीवन के तुम दर्पण हो, मेरी प्रीत की रीत हो तुम.....

खत प्रियतम को

खत में लिखी है कितनी बातें और खत में लिखी है मुलाकातें,
कब मिलने आओगे पिया मेरे, दर्शन को प्यासे है नयन मेरे,
मेरी प्रीत भी तू, मेरे गीत भी तुम,
मेरे होंठों पर तेरी सरगम है,
दिल में बसा है नाम तेरा, कब मिलने आओगे पिया तुम दर मेरे,
खत में लिखी है कितनी बातें, और खत में लिखी है मुलाकातें......
सावन का मौसम आया है, प्रीत का मौसम लाया है,
दिवाना मन मेरा पागल है, मन में भी अजब सी हलचल है,
बिन तेरे सावन में भी सूखा है, मेरे मन के गलियारे सूने है,
कब मिलने आओगे पिया मेरे, दर्शन को प्यासे है नयन मेरे,
खत में लिखी है कितनी बातें, और खत में लिखी है मुलाकातें......
मेरे मन के गलियारों में अंधेरा छाया है ,कब रोशन होगा मेरा घर आंगन,
ऐ आसमां तेरा चांद तो तेरे पास ही है ,मेरा चांद कब मिलने आयेगा,
कब चांद तेरी चांदनी से चमकेगा तन और मन मेरा,
खत में लिखी है कितनी बातें, और खत में लिखी है मुलाकातें......
साथ तेरे मुलाकातों से बढ़ती है नजदीकियाँ,
मेरे ख्वाबों में भी आते हो तुम पिया,
तेरी यादों का गुलदस्ता सजता है दिल में,
कब मिलने आओगे पिया मेरे, पल पल इंतजार है मुझे तेरा,
खत में लिखी है कितनी बातें, और खत में लिखी है मुलाकातें......

शिकायतें ऐ जिंदगी

खुद से शिकायत है जिंदगी, अपना बना ले ऐ जिंदगी,

खामोश हूं, बेबस हूं, तन्हा हूं मैं, अपना बना ले ऐ जिंदगी....

काँटों भरी जिंदगी की डगर है, इस डगर पर हम डगमगा गए है,

हार गए हम जिंदगी की ये जंग, अब खुद पर ऐतवार हम खो रहे है,

खुद से शिकायत है जिंदगी, अपना बना ले ऐ जिंदगी......

रंगीन दुनिया को देख मदहोश हम हो गए है, अपनी हस्ती को हम भूल गए है,

अविश्वास की चोट हमको मिली जब, खुद से ही हम खफा हो गए है,

गुमनाम दुनिया में हम खो गए, अब खुद पर ऐतवार हम खो रहे है,

खुद से शिकायत है जिंदगी, अपना बना ले ऐ जिंदगी.....

ऐतवार की डोर बाँधी संग जिसके, उसी से हमको शिकस्त मिली है,

गिला नहीं हमको किसी से, खुद से ही शिकायत है हमें,

खुद से शिकायत है जिंदगी, अपना बना ले ऐ जिंदगी.....

चिंताओं से घिरा मेरा मन है, खामोश, बदरंग मेरा जीवन है,

जिस मोड़ पर हम चल पड़े है, वही मोड़ अजनबी बन गया है,

शिकवा किसी से हम क्या करें, खुद से ही हम खफा हो गए है,

खुद से शिकायत है जिंदगी, अपना बना ले ऐ जिंदगी.....

जीवन साथी

बिन तेरे तन्हा हूं मैं, तन्हा है मेरा जीवन,

हर सांस है अधूरी, हर बात तेरे अधूरी,

हर साज है अधूरा हर राग है अधूरा,

बिन तेरे तन्हा हूं मैं, तन्हा है मेरा जीवन.....

स्वप्न रहित है निंदिया, आँखों में ना कोई अपना,

तन्हा है मेरी रातें, बातें हैं अधूरी,

हर ख्वाब है अधूरा, लम्बी तन्हाई है,

पतझड़ है मेरा जीवन, दूर तक कोई नहीं है,

बिन तेरे तन्हा हूं मैं, तन्हा है मेरा जीवन.....।

लम्हा लम्हा मैं तुमको पुकारूं, भीगी भीगी आँखों से तेरी तस्वीर को निहारूं,

दर्पण के प्रतिबिंब में मैं तुमको खोजता हूं,

चांद तारों में तुमको खोजता हूं,

बिन तुम्हारे अकेला हूं साथी, बिन तुम्हारे तन्हा हूं साथी,

बिन तेरे तन्हा हूं मैं, तन्हा है मेरा जीवन......

साथ जीने मरने के कसमें वादे थे तेरे,

झूठे सारे इरादे थे तेरे, बीच सफ़र में हमको छोड़ गए तुम,

हम रह गए तन्हा, रह गए अकेले,

बिन तेरे तन्हा हूं मैं, तन्हा है मेरा जीवन....

अब तू नहीं साथ मेरे बस यादें है तेरी,

मेरी यादों में बसी है हर छवि तेरी,

मन का गलियारा है सूना मेरा,

हर दिन है तन्हा, हर रात है अकेली,

पूर्णिमा के चांद में हम तुम्हें ढूंढते हैं, बिना तेरे कितने तन्हा है हम,

बिन तेरे तन्हा हूं मैं, तन्हा है मेरा जीवन.....
बिना तुम्हारे जिए कैसे साथी, अधूरी है तुम बिन जीवन की बाती,
बहारों में भी पतझड़ है, फिजाओं में भी झुलसा मन मेरा है,
अब तुझमें फना होना चाहता है तन, तुझ बिन अकेला है ये मन,
बिन तेरे तन्हा हूं मैं, तन्हा है मेरा जीवन.....

ऐ सूरज

ऐ सूरज तू ढल जा ज़रा, थोड़ा सा सुकून तू दे ज़रा,
जीवन में वैसे ही इतनी तपिश है, तू बादलों में तनिक छुप जा ज़रा,
ऐ सूरज तू ढल जा ज़रा.....
तेरे आने से होता है उजाला जग में,
रोशन होता है धरती का कोना है,
मिलता है जीवन सभी को,
फिर भी क्यू जलता है तन मन मेरा,
ऐ सूरज तू ढल जा ज़रा, थोड़ा सा सुकून दे ज़रा,
बारिश की ठंडक में छुप जा ज़रा,
तेरे आने से मोर नाचे, चहके है पंछी,
तेरे आने से प्रकृति भी गुनगुनायें,
अम्बर भी झूमे मधुर गीत गाये,
हर मानव को मिलती शक्ति तुझ ही से,
धरती को मिलती शक्ति तुझ ही से,
फिर भी क्यू जल रहा तन मेरा,
तनिक ठहरो,
ऐ सूरज तू ढल जा ज़रा, चाँद की शीतलता से छुप जा ज़रा,
ऐ सूरज सीख ज़रा चाँद से जो,
देता है ठंडक मेरे मन को,
ऐ सूरज सीख इन बादलों से, जो बरस कर देते सुकून है,
तेरी अधिक गर्मी से जलता मेरा मन है,
ऐसे ही जीवन कठिन है,
ऊपर से ये गर्मी करती बेचैन है,

ऐ सूरज तू ढल जा ज़रा, थोड़ा सा सुकून तू दे ज़रा,
माना कि तेरे बिना ना कोई कार्य संभव,
तेरे आने से ही गुलज़ार होता है हर जीवन,
धरती से अम्बर तक सभी तुझसे है सुंदर,
जीवन का प्रकाश तू ही , जीवन का विकास तू ही,
फिर क्यू झुलसा है आज तन मेरा,
ऐ सूरज तू ढल जा ज़रा, तारो में कही छुप जा ज़रा....

अधूरी दास्तान

ज़िंदगी की अधूरी दास्तां है हमारी,

अधूरी है हर कहानी हमारी,

उजालें में भी हम रोशनी ढूँढते है,

फिजाओं में भी हम सुकून ढूँढते है,

बेबस है जिंदगानी हमारी,

जीवन की अधूरी दास्तां है हमारी....

जीवन की कश्ती मुश्किल से है चलती,

लहरों में भी हम मौजें ढूँढते है,

बारिश में भी हम ठंडक ढूँढते है,

ऐसी बेबस जिंदगानी है हमारी,

ज़िंदगी की अधूरी दास्तां है हमारी.....

आसमां सा सूना मन है मेरा,

हृदय हुआ है पाषाण मेरा,

छाँव में भी हम सुकून ढूँढते है,

रिक्त स्थान बन गयी है जिंदगानी हमारी,

ज़िंदगी की अधूरी दास्तां है हमारी...।

जिसे चाहा था हमने हुआ ना हमारा,

जमाने ने छीना है प्रेम हमारा,

अधूरी हमारी कहानी हो गयी है,

ज़िंदगी की अधूरी दास्तां है हमारी....

घायल पंछी

मैं हूं एक घायल पंछी, पंख रहित है मेरा जीवन,
मैं फिरता हूं दर दर, वन वन, मेरे जख्म की दवा नहीं है!!!
बिलखता फड़फड़ाता मैं रोता हूं वन वन,
आसमां में उड़ना चाहता हूं मैं फिर से,
आसमां में विचरण करना चाहता है फिर से,
घायल मेरे मन फड़फड़ाता है हर पल,
धरती से अम्बर की दूरी को तय करना चाहता है फिर से,
पर पंख रहित मैं कैसे उड़ उड़ जाऊं,
अपनी मंजिल को कैसे पार कर पाऊं,
मैं रोता हूं दर दर, मैं फिरता हूं वन वन,
मैं हूं एक घायल पंछी, पंख रहित मेरा जीवन......
व्याकुल है मेरे मन का दर्पण, पीड़ित है मेरा तन और मन,
साँसें थमी है मेरी, मैं निर्जीव पड़ा हूं भूमि पर,
वेदना है असीम दुखों की, मेरा जीवन है अब पतझड़,
पंख रहित मैं कैसे अपने जीवन को बिताऊं,
पंख बिना मैं अंधेरी दुनिया में खो जाऊं,
अब मेरा कोई अपना नहीं है, गुमनाम है मेरी जीवन, और जीने की वजह नहीं है,
तिल तिल मैं रेंगता हूं फड़फड़ाता हूं मैं दर दर,
मैं हूं एक घायल पंछी, पंख रहित है मेरा जीवन....
आकर के कोई मुझे गले से लगाए,
मेरे जख्मों पर कोई मरहम लगाए,
मेरे सूने जीवन को खुशियों से महकाएं,

वीरान पड़ी है मन की बस्ती, फिर से गुलज़ार करें कोई
पर अब सब ये सपने है, जीवन के हर लम्हे अकेले है,
फड़फाना है मेरा जीवन, मेरे जख्मों की कोई दवा नहीं है,
मैं हूं एक घायल पंछी, पंख रहित है मेरा जीवन....

सूखी नदियां

मैं सूखी हुई नदियां हूं मेरी पीर ना समझें कोई,
प्यासी मेरी धरती है, मेरी बेचैनी ना समझें कोई,
मैं सूखी हुई नदियां हूं......
बिन जल मेरा जीवन पतझड़ है, व्याकुल मन मेरा है,
मेरी जमी हुई है बंजर, पीड़ित मेरा तन है,
मेघ अब तो बरस जाओ बसंत करो मेरे जीवन को,
मैं सूखी हुई नदियां हूं मेरी पीर ना समझें कोई.....
नदी की धारा बन जब जब बहती हूं मैं,
ना जानें कितने पंछियों की प्यास बुझाती हूं,
कितने जीवों को प्राण मैं देती हूं,
सबकी प्यास बुझाकर के धन्य होता है मेरा जीवन,
पर अब मैं खुद हूं प्यासी, मेरी जमी हुई बंजर,
मेघ अब तुम बरस जाओ, मेरी जमीं को करो उर्वर,
मैं सूखी हुई नदियां हूं मेरी पीर ना समझें कोई.....
बिन जल व्याकुल होता मेरा मन रेत सा उड़ता है,
उड़ उड़ कर मेरा मन आकाश से ये कहता है,
नीर बनके बरस जाओ, मेरी पीड़ा को शांत करो,
मैं सूखी हुई नदियां हूं मेरी पीर ना समझें कोई......
रेगिस्तान सी सूखी हूं जल तेरे बिना मैं,
वजूद मेरा मिट गया जल तेरे बिना,
झुलस रही हूं मैं सूरज की किरणों से,
मेघ अब तो बरस जाओ मिल जाएं चैन मुझे,
मैं सूखी हुई नदियां हूं मेरी पीर ना समझें कोई......

जीवन ज्योति

जीवन ज्योति जलती जाए, पल पल जीवन घटता जाए,
फूल मिले या काटें मिले, ये हमको वक्त बताए,
जीवन ज्योति जलती जाएं....
कौन है अपना कौन पराया, ये हमको वक्त बताएं,
बुरे वक्त का जो है साथी वहीं है अपना, वहीं सहारा,
जीवन ज्योति जलती जाएं, पल पल जीवन घटता जाएं.....
जीवन की धारा में बहना है हमको, पार आना है हमको किनारे,
राह में मिलते है कितने मुसाफिर, कोई अपना ही कश्ती किनारे लगाएं,
जीवन ज्योति जलती जाएं, पल पल जीवन घटता जाएं.....
पल पल जीवन घटता है हमको हर पल अनुभव मिलता है,
काले बादल की चादर ओढ़े दुःख जीवन में मिलता है,
दुःख के क्षण में जो नैय्या पार लगाएं वहीं मसीहा बनता है,
जीवन ज्योति जलती जाएं, पल पल जीवन घटता जाएं.....
तूफानों के घिरता मन है, बेचैनी से जकड़ा जीवन है,
हर तरफ है झूठा छलावा, अपनों में भी है मन बेगाना,
हर तरफ उलझे तार है मन के, व्यथित है मन का कोना कोना,
अंधेरे मन के आंगन में, कौन है जलता दीप सहारा,
जीवन ज्योति जलती जाएं, पल पल जीवन घटता जाएं....
ढलती संध्या में जीवन सूना है,
सांसे भी मध्यम है और मन भी तन्हा है,
जीवन की गोधूलि में जानें कौन हमारा है,
इन झुकते कंधों का कौन सहारा है,
जीवन ज्योति जलती जाए, पल पल जीवन घटता जाए.....

खामोश ज़िंदगी

खामोश हो गयी है ज़िंदगी मेरी,
बिन साज मदहोश हो गयी है बन्दगी मेरी,
खामोश हो गयी है ज़िंदगी मेरी
तेरा साथ था तो वजह थी जीने की,
तेरे बिना ज़िंदगी बेवजह हो गयी है मेरी,
खामोश हो गयी है ज़िंदगी मेरी...
भीड़ में भी अकसर तुझे ढूँढते है,
तनहाइयों में भी अकसर तुझे खोजते है,
तेरे बिना हर शाम मेरी बदरंग हो गयी है,
खामोश हो गयी है ज़िंदगी मेरी.....
खामोश मन बस तुझे ही पुकारें,
तेरे सुर से मेरी ज़िंदगी जुड़ी है,
उदास मन मेरा तुझे ही पुकारे,
तेरे बिना ज़िन्दगी रंगहीन हो गयी है,
खामोश हो गयी है ज़िंदगी मेरी......
कब आओगे मेरा मन तुम्हें ही पुकारें
तेरी मीठी बतिया कहाँ खो गयी है,
मेरी ज़िंदगी अब बंजर हो गयी है,
बिन तेरे खामोश ज़िंदगी हो गयी है,
बिन साज मदहोश हो गयी है बंदगी मेरी.....

मुसाफिर

मैं थका हुआ मुसाफ़िर, तन्हा है मेरा जीवन,
गुमनाम है मेरी हस्ती, और दूर तक मैं नहीं हूं,
उन्मत सागर की लहरों सा फिरता ये मेरा मन है,
मृग तृष्णा सी छाई मन में, पर मिलन का संजोग नहीं है,
दीप मन का मेरा बुझा है, उलझी है जीवन गुत्थी,
पार कैसे लगाऊं कश्ती, भंवरों में मेरा मन है,
उलझा है तार मन का और दूर तक किनारा नहीं है,
धुंध की छाई है जीवन में, दूर तक मंजिल नहीं है,
फिजाओं में भी जल रहा मेरा मन और तन है,
नैनों में बदली छाई, व्यथित है हृदय का कोना,
रिमझिम बरसते नैय्या कहते है मन की पीड़ा,
मैं थका हुआ मुसाफ़िर, उलझा है हर तार मन का,
वेदना मन मस्तिष्क पर छाई, सुकून कहीं नहीं है,
करुणा से भरे मेरे नैना, बरसे रिमझिम रिमझिम है,
मैं थका हुआ मुसाफ़िर, पुकारता हूं कृष्णा तुमको,
दर्पण और प्रतिबिंब थे एक दूजे के पूरक,
अलग किया दर्पण ने अपने प्रतिबिंब को खुद से,
अब पूछता है दर्पण खुद से इतना तन्हा मैं क्यों हूं, इतना तन्हा अब मैं क्यों हूं,
कितने टुकड़े किए आईने के पर प्रतिबिम्ब कहीं नहीं है,
अब सवाल भी मैं खुद हूं और जवाब भी मैं खुद हूं,
रिमझिम बरसते नैय्या बेबस है और लाचार कितने,

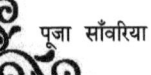

हर दर्द है नैनों में आँसू का सैलाब बन के,
होंठों पर हंसी है पर वो भी है बेमानी,
हर तार मन के उलझे और दूर तक कोई नहीं है,
मैं थका हुआ मुसाफ़िर, तन्हा है मेरा जीवन,
गुमनाम है मेरी हस्ती, और दूर तक मैं नहीं हूं।

नदियां की धारा

नदी की धार जैसी है जिन्दगी अपनी,

कभी इस पार, कभी उस पार बहती है जिन्दगी अपनी,

दो किनारे होकर भी अलग है सदा,

धार की मौजों से ही मिल जाते है,

बेबुनियाद है अक्स हमारा सदा,

फिर भी लहरों में खुद को खोजते है हम,

नदी की धार जैसी है जिन्दगी अपनी,

कभी इस पार, कभी उस पार बहती है जिन्दगी अपनी......

आएं तेज तूफ़ान तो शायद मिल जाए हम,

छू के एक दूजे को फिर तन्हा हो जाएं हम,

गुजरती है लहरें फिर भी खामोश मन,

धार के विपरीत है अक्स हमारा सदा,

फिर भी भंवरों में खुद को खोजते है हम,

नदी की धार जैसी है जिन्दगी अपनी,

कभी इस पार, कभी उस पार बहती है जिन्दगी अपनी......

खामोश मन मेरा कहता सदा,

खुद ही नदियां हूं फिर भी प्यासी हूं मैं,

बुझाती हूं प्यास सदा सबके मन की,

फिर क्यों इतनी अधूरी हूं सदा,

मिल जाती हूं सागर के आगोश में,

फिर भी सदा तन्हा हूं मैं,

नदी की धार जैसी है जिन्दगी अपनी,

कभी इस पार, कभी उस पार बहती है जिंदगी अपनी.......

कृष्णा

मेरे अन्तर्मन के झरोखों में तेरी प्यारी सूरत बसती है,

मेरे मन के बस्ती में तेरी न्यारी मूरत रहती है,

होंठों पर तेरा नाम है कृष्णा, मन में तेरी छवि निराली है,

मेरी हर सांस में बस तेरी छाया रहती है,

मेरे अन्तर्मन के झरोखों में तेरी प्यारी सूरत बसती है....

मेरे सुखों के पल में मेरी जीवन की तू बगिया है,

जब दुख आएं मेरे जीवन में,

उन दुःखों में तू सच्चा साथी है,

मेरे अन्तर्मन के झरोखों में तेरी प्यारी सूरत बसती है....

मेरा मन का गलियारा कृष्णा तेरे नाम से पहले सूना था,

सूनी मन की बस्ती थी,

ये जीवन कृष्णा निरर्थक था,

मिला साथ तेरा जब से कृष्णा,

जीवन अब सार्थक लगता है,

मेरे अन्तर्मन के झरोखों में तेरी प्यारी सूरत बसती है.....

प्रभु, जब जब भी मुझे जन्म मिले,

सदा तेरा ही साथ मिले,

जब जीवन नाव मेरी डूबे, तब तेरे चरणों में स्थान मिले,

मेरे अन्तर्मन के झरोखों में तेरी प्यारी सूरत बसती है.....

सपनों की दुनियां

चल पवन चल उड़ चल नील गगन में ले चल तू,
सपनों की एक दुनिया हो जहां जीवन सुख का मेला हो,
चल पवन चल उड़ चल नील गगन में ले चल तू......
जहां खुशियों से गुलजार हो जीवन,
दुःख का रैन बसेरा ना हो,
हर दिल में जहां प्यार बसा हो,
नफरत से हर कोई अनजाना हो,
चल पवन चल उड़ चल तू नील गगन में ले चल तू.....
जहां धोखे की दुनिया ना हो सच, हर रग रग बसता हो,
लोग प्रेम समर्पण से ओतप्रोत हो,
इंसानियत जहां नस नस में हो सबकी,
ऐ पवन, ऐसे देश में ले चल तू
चल पवन चल उड़ चल, नील गगन में ले चल तू.....
हर दिन जहां उत्सव के जैसा, हर रात दीवाली हो,
हर कोई जहां अपना हो, परायापन की भावना ना हो,
चल पवन चल उड़ चल, नील गगन में ले चल तू......
जहां हर रात पूर्णिमा के जैसी, अमावस्या कभी आती ना हो,
ना ईर्ष्या भाव जहां किसी के मन में हो, प्रेम की दुनिया हो जहां,
सूरज भी शीतलता का अहसास कराए, चंद्रमा भी झूमे और गाएं,
चल पवन चल उड़ चल, नील गगन में ले चल तू..........

सतरंगी खबाब

लाल रंग का जोड़ा पहने दुल्हन चली अपने पिया से मिलने,
आँखों में सतरंगी ख्वाब सजाये दुल्हन चली अपने पिया से मिलने,
खुशी की ये बेला आई, बाजे शहनाई है,
विवाह के शुभ अवसर पर अपने देते बधाई है,
कैसा है विचित्र अवसर एक तरफ मिलन है दूजी तरफ विदाई है
लाल रंग का जोड़ा पहने दुल्हन चली पिया से मिलने,
अरमानों की डोली में बैठी दुल्हन चली पिया से मिलने,
चांद तारों के जोड़े में सज कर दुल्हन चली पिया से मिलने,
हाथों में महंदी, पैरो में महावर,
हाथों में चूड़ी, पैरो में पायल,
सोलह सिंगार कर, दुल्हन चली पिया से मिलने,
लाल रंग का जोड़ा पहने दुल्हन चली अपने पिया से मिलने....
सोन चिड़िया बाबुल के घर आंगन की,
जीवन है जिस बाबुल का,
बचपन बिताया जिस आंगन में,
ख्वाब सजाएँ जिस आंगन में,
आज छोड़ बाबुल का घर आंगन, चली पिया से मिलने,
लाल रंग का जोड़ा पहने दुल्हन चली अपने पिया से मिलने.....
बाबुल के दिल का टुकड़ा बेटी घर से विदा हो रही है,
पीछे छोड़ चावल के दाने बाबुल के घर को छोड़ जा रही है,
अनगिनत मीठी यादों का कारवां छोड़ बाबुल के घर से जा रही है,
जो कल तक इस आंगन की चिड़िया वो आज उड़ जा रही है,
लाल रंग का जोड़ा पहने दुल्हन चली अपने पिया से मिलने.....

रेशमी डोर

रेशमी डोर से बनाया घरौंदा अपना,
जाने कैसे उलझ गया उसमें जीवन मेरा
प्रेम से खड़ी की थी जो इमारत मैंने,
वो कैसे ढह गयी पता ही नहीं चला,
संवारा था एक एक पल ज़िन्दगी का,
कब तूफान से उड़ गया पता ही नहीं चला,
बनाया था सब लुटाकर घरौंदा अपना,
कब हम लुट गये पता ही नहीं चला,
मजबूत ईंट से बनाया आशियाँ अपना,
कब ताश के पत्तों सा बिखर गया पता ही नहीं चला,
जीवन को हर पल सुलझाया मैंने,
जाने कब उलझ गया पता ही नहीं चला,
जिसको सर्वत्र अर्पण किया अपना,
जाने कब बेगाना हो गया पता ही नहीं चला,
ख़ुशहाल था हर पल मन अपना,
कब घुटन भरी ज़िन्दगी बन गयीं पता ही नहीं चला,
इस भरी दुनिया में जिसको अपना माना,
जाने कब बेगाना हो गया पता ही नहीं चला,
मुट्ठी में बंधकर ली थी अपनी दुनिया सारी,
कब बिखर गयी दुनिया मेरी पता ही नहीं चला,
लाख समझाया खुद को खुली किताब ही है ये ज़िंदगी,
कब ज़िंदगी की किताब बंद हो गयी पता ही नहीं चला,
लगा था जीत जाएंगे दुनिया की जंग,

कब अपना सब हार बैठे पता ही नहीं चला,
ज़िंदगी है साहब किसी के लिए नहीं रुकती,
कब मेरी ज़िंदगी थम गयी पता ही नहीं चला,
उड़ती पतंग सी थी ज़िंदगी अपनी,
जाने कब डोर कट गयी पता ही नहीं चला,
समेटना चाहती हूँ ज़िन्दगी का हर लम्हा,
पर हर पल उलझता ही जाता है ज़िन्दगी का हर लम्हा,
रेशमी डोर से बनाया घरौंदा अपना,
जाने कैसे उलझ गया उसमें जीवन मेरा....

लाल मेरे

आ छुप जा लाल मेरे माँ के आँचल में, छुप जा लाल मेरे माँ के आँचल में,
आ सुनाऊँ तुझे मीठी मीठी लोरी मैं, बन के निंदिया मैं आऊं तेरे सपनों में,
आ छुप जा लाल मेरे माँ के आँचल में, आ छुप जा लाल मेरे माँ के आँचल में.......
तेरे सारे गम लेलूँ, अपनी सारी खुशियाँ दे दूँ,
आ छुपा लूँ तुझे अपने आँचल में, अपने आँचल में,
आ छुप जा लाल मेरे माँ के आँचल में......
दुनिया की नजरों से आ तुझको बचा लूँ, दुनिया की सारी खुशियाँ तेरे कदमों में बिछा दूँ,
दुनिया से बचा करके तुझे शीतल छाया दे दूँ, आ छुप जा लाल मेरे माँ के आँचल में.....
मेरी दुनिया भी तू है, मेरा जीवन भी तू है,
मेरा साया भी तू है, मेरी ममता भी तू है,
आ सारी ममता मैं तुझपर लुटा दूँ, आ छुप जा लाल मेरे माँ के आँचल में......
मेरी उम्र भी तुझको लग जाये,
जीवन में जो चाहे वो सब तू पाये,
मिल जाये दुनिया का हर सुख तुमको,
आ छुप जा लाल मेरे माँ के आँचल में, माँ के आँचल में, माँ के आँचल में......
रब से दुआ मेरी, चाँद तारे भी तेरे कदम चूमेंगे,
धरती अंबर भी तेरे कदम चूमेंगे, तेरे कदम चूमेंगे,
आ सारी दुनिया मैं, तेरे कदमों में लुटा दूँ,
आ छुप जा लाल मेरे माँ के आँचल में, माँ के आँचल में, माँ के आँचल में...

राधे

क्षमा करो राधे क्षमा करो, दया करो राधे दया करो,
तुमसा दूजा ना कोई जग में, तुमसे अपना ना कोई जग में,
मैं तेरे दर्शन की अभिलाषी, राधे अपना दर्शन दे दो ना,
दया करो राधे दया करो, क्षमा करो राधे क्षमा करो....
एक थी मीरा, एक थी राधा प्रीत वो तुमसे करतीं थी,
मैं भी हूँ तेरी प्रेम पुजारिन, प्रीत में तुमसे करती हूं,
मैं तेरे दर्शन की अभिलाषी, तुझमें ही समाहित होऊं मैं,
अपनी करुण कृपा दिखाओ, अपने दर्शन दिखाओ ना,
क्षमा करो राधे क्षमा करो, दया करो राधे दया करो.....
मेरी हर सांस सांस में बसे हो कृष्णा,
मेरे रोम रोम में तुम रहते हो,
दर दर फिरती हूं तेरे दर्शन की अभिलाषी, अपने दर्शन दे दो ना,
क्षमा करो राधे क्षमा करो, दया करो राधे दया करो......
राधा के तुम प्राण प्यारे, मीरा के तुम गिरधर नागर,
मेरे जीवन की ज्योत हो तुम, मेरे सांसों की डोर हो तुम,
तेरे दर्शन की अभिलाषी, अपने दर्शन दे दो ना,
क्षमा करो राधे क्षमा करो, दया करो राधे दया करो,
राधे जब से तेरी शरण में आई, जीवन धन्य हुआ मेरा,
पग पग पर आएं कांटों में तुमने साथ दिया मेरा,
हाथ पकड़ा है तुमने कृष्णा, अब तो दर्शन दे दो ना,
तेरे दर्शन की अभिलाषी, अपने दर्शन दे दो ना,
क्षमा करो राधे क्षमा करो, दया करो राधे दया करो......

उम्मीदों की डोर

उम्मीदों की डोर से बंधी है ज़िन्दगी, आज है कल नहीं यही है ज़िन्दगी,

धूप छाँव सी आँख-मिचौली खेलती है ये ज़िंदगी,

जा रही है उम्मीद की किरण ज़िन्दगी से,

उसे तुम छुपा लो अपने पलकों तले,

उम्मीद का जो दीप जला है तो,

जीवन का मुश्किल सफ़र तय हो ही जायेगा,

हर अंधेरी रात के बाद ही प्रभात आयेगा,

माना आज निराश हताश है ज़िन्दगी,

पर आशा का एक नया सफ़र फिर से साथ लेकर आयेगा,

खोयी है उम्मीद जो उसको पुनः जीवित करो तुम,

उम्मीद की ज्योति को अपने हृदय में जलाओ तुम,

माना की जीवन राह में तपिश है अधिक, छाँव है एक पल की और धूप है अधिक,

आशाओं के घने बादल भी बरसेंगे, बन उम्मीदों की एक शीत लहर,

माना कि घनघोर अन्धकार छा रहा है, मन भी कुछ डरा सा हो रहा है,

बिजली सी कड़क रही है, पर यक़ीन कर कृष्णा पर,

उम्मीद की एक किरण फिर से फूटेगी,

निराशा का अंधकार फिर से छँटेगा,

माना आज सुनामी की लहरें है जीवन में,

सागर आज उमड़ रहा है, हलचल है जीवन है,

यक़ीन कर कृष्णा पर, उठी है सुनामी की लहरें फिर से शांत भी होंगी,

जीवन फिर से झूमेगा, मंज़िल भी मिलेगी,

कृष्णा की रहमत से बिगड़ी तक़दीर भी सँवरेंगी।

मुस्कान ही जिंदगी है

हँसते रहो मुसकुराते रहो यही ज़िन्दगी है,
ले आओ मुस्कान किसी के चेहरे पर यही बंदगी है,
हँसते रहो मुसकुराते रहो यही ज़िंदगी है....
ग़र छा रहा घना अंधेरा किसी के जीवन में,
बन जाओ तुम दीपक, यही बंदगी है,
हँसते रहो मुसकुराते रहो यही ज़िन्दगी है...
राह में जो मिले दीन दुःखी,
उनको गले से लगाते रहो यही बंदगी है,
हँसते रहो मुसकुराते रहो यही ज़िंदगी है.....
अपनी मुस्कान को फैला दो बन जाओ मोती,
दामन किसी का ख़ुशियों से भर दो यही बंदगी है,
हँसते रहो मुसकुराते रहो यही ज़िन्दगी है,
थाम लो हाथ किसी अनाथ का, बन जाओ किसी के जीवन की ज्योति,
फैला दो ख़ुशियाँ यही बंदगी है, हँसते रहो मुसकुराते रहो यही ज़िंदगी है....
हारा ग़र मन से कोई, जीत लो उसके मन को,
फूलों की बगिया खिला दो जीवन में,
बन जाओ जीत उसकी यही बंदगी है,
हँसते रहो मुसकुराते रहो यही ज़िंदगी है.....
सूरज के जैसे चमकाओ खुद को,
जीवन में महको बन के तुम ख़ुशबू,
बन जाओ इत्र यही बन्दगी है,
हँसते रहो मुसकुराते रहो यही ज़िंदगी है......

मन की बात

हौले हौले से करो तुम मन की बात,
कहीं कोई बात बिगड़ ना जाये हमारे साथ,
हौले हौले से करो तुम मन की बात....
होंठों पर हंसी आँखों में है प्यार,
कर दो तुम अपने प्रेम का इज़हार,
तुम्हारे बिन हम कुछ भी नहीं,
हौले से तुम कह दो अपने दिल की बात,
हौले हौले से करो तुम मन की बात....
खामोश तुम्हारी बतिया है,
पर अँखिया सब कुछ कहती है,
तेरी आँखों में बस मेरी सूरत रहती है,
हौले से कर दो ऐसे तुम प्रेम इज़हार,
जैसे तेरे नैना करते है,
हौले हौले से करो तुम मन की बात....
तेरा सुंदर मन तेरा दर्पण है,
तेरे मन के दर्पण में मैं रहती हूँ,
तेरे मन मंदिर में बसा प्रतिबिम्ब मेरा,
मेरा प्रतिबिम्ब तेरे प्रेम को कहता है,
हौले हौले से करो तुम मन की बात...
अब ना देर करो तुम मेरे साथी,
कर दो अपने प्रेम का इज़हार,
कही देर हो ना जाये साथी, कही देर हो ना जाये साथी,
हौले हौले से करो तुम मन की बात......

विश्वास की ज्योति

ना रुकना मेरे साथी ना थकना मेरे साथी,

बस चलते जाना है, बस चलते जाना है।

जीवन राह कठिन है हर मंजिल पर ठोकर अधिक है,

ना रुकना मेरे साथी बस बढ़ते जाना है।

हर पथ अग्नि पथ है काँटों से ये निर्मित है,

गर्मी की तेज तपन है और संघर्ष बहुत अधिक है,

ना रुकना मेरे साथी बस बढ़ते जाना है।

हर राह पर है दुश्मन, अपनों का साथ कहाँ है,

बस अकेले ही हर मंजिल को तुम्हें बढ़ते जाना है,

ना रुकना मेरे साथी बस बढ़ते जाना है।

जीवन में इम्तिहान अधिक है, हर इम्तिहान में हार अधिक है,

पार कर हर चुनौतियों को बस मंजिल अपनी पाना है,

ना रुकना मेरे साथी बस बढ़ते जाना है।

जीवन की नैय्या है भंवर में, जिससे खुद ही निकलना है,

कर्मों की भट्टी में तप कर खुद को कुंदन बनाना है,

ना रुकना मेरे साथी बस बढ़ते जाना है।

बनाओ ऐसा खुद को, लोग तुम्हें पूछे,

ना चलो तुम उनके पीछे, वो तुम्हें मिलने को तरसे

ना रुकना मेरे साथी बस बढ़ते जाना है।

हार ना खुद को साथी, माना कि हार हुई है,

तेरी हर हार में भी जीत छुपी है, हर रात के बाद भी भोर हुई है,

हर हार के बाद ही जीत हुई है, ना रुकना मेरे साथी बस बढ़ते जाना है......।

कुलदीपक

दीप हूँ मैं, कुल दीप हूँ मैं,
दीप जैसे ही जलता हूँ
जीवन के हर पथ पर मैं, सबकी आशा बनता हूँ,
खुद जल कर मैं सदैव सबके जीवन को उजाला देता हूँ,
खुद अंधकार में रहकर भी मैं सबको प्रकाश देता हूँ,
कहते है कठोर हूँ मैं, कहते है निष्ठुर हूँ मैं,
मैं हर घर का दीपक हूँ जिसे कुल दीपक भी कहते है,
हुआ जन्म जब मेरा, मुझसे हुआ उजियारा घर में,
ऐसा सब लोग ये कहते है,
बनेगा पिता का एक सहारा, बहनों का रखवाला तू,
माँ की आँखों का तारा है तू, मेरे घर का उजाला तू,
यही सुन कर सब बचपन से मैं पला बड़ा होता हूँ,
दीप हूँ मैं, कुल दीप हूँ मैं, सदा दीप जैसा ही जलता हूँ.....
कहते है नारी सब छोड़ कर आती है,
अन्य के घर को अपनाकर पुरुष के जीवन को महकाती है,
क्या कभी कोई मेरा भी मन पढ़ पायेगा,
क्या कोई मेरा भी दर्द समझ पायेगा,
दो परिवार की धार मैं बनता हूँ
पत्नी और परिवार के बीच मैं भी सामंजस्य बैठाता हूँ,
मैं भी खुद दो पाटो में पिसता हूँ,
दीप हूँ मैं, कुल दीप हूँ मैं.......
खुद हर तूफानों से लड़कर सबकी ढाल मैं बनता हूँ,
सबकी हर इच्छा पूरी करते करते मैं तिल तिलकर घिसता हूँ,

फिर भी निरंकुश, एकक्षत्रीय
शासक मैं कहलाता हूँ,
दीप हूँ मैं, कुल दीप हूँ मैं, दीप जैसा ही जलता हूँ....
कहते है नारी पर हम हुक्म चलाते है,
जीवन की गोधूलि तक हर बुराई,
बस पुरुषों में ही बतायी जाती है,
कहते है मैं नारी से शोषण का कारण हूँ,
क्या कभी किसी ने सोचा,
कोई मेरे भी शोषण का कारण है,
बस अंतर इतना है,
मेरा शोषण चारदीवारी में ही क़ैद रह जाता है,
फिर मुझे ही क्यू, हर बुराई का जनक माना है,
दीप हूँ मैं, कुल दीप हूँ मैं......
जीवन की संध्या तक मैं सबका मसीहा बनता हूँ
खुद अग्नि में जलकर मैं धुएं जैसा उड़ता हूँ
परिवार का खेवनहार हूँ मैं,
फिर भी समीक्षा सुनता हूँ,
दीप हूँ मैं, कुल दीप हूँ मैं.......

तेजाब एक धुआं

ये प्यार नहीं हैवानियत थी तेरी,
जुनून था तेरा मुझे पाने का, अपना बनाने का,
मेरे एक ना शब्द से मिटा दी तुमने पहचान मेरी,
तेजाब की बूंदों से छिनी चेहरे की पहचान मेरी,
मेरे जीवन में भी सतरंगी रंग थे,
जिसमें तुमने पीड़ा के रंग भर दिये,
तेरे अहंकार पर पड़ी चोट ने,
अस्तित्व की काटी डोर मेरी,
तन मन अंतरात्मा सब जल गयी मेरी,
सारे सपने तेजाब के लावे में पिघल गए,
तेरी मानसिकता ने जलायी ज़िन्दगी मेरी,
अपने गुरूर में डाला तेजाब तूने,
तेजाब की बूंद में जला हर अरमान मेरा,
अब जिन्दा थी मैं, पर मर चुकी थी हस्ती मेरी,
सरेआम हुआ सब कुछ था,
पर कोई बचाने वाला एक नहीं था,
कितनी चीखी चिल्लायी थी मैं,
तन मन की एक एक परत तक जली थी,
असहनीय शारीरिक मानसिक कष्ट सहा मैंने,
इतनी पीड़ा थी तन पर मेरे,
प्रयासों से भी ना मिटती थी,
मेरे माता पिता तड़प रहे थे,
जीवित थे पर मर चुके थे,

ना जाने कितनी वेदना थी मेरे तन मन पर,
पल में हस्ती मिट चुकी थी,
सुन्दर चेहरा मिट गया था, सपनें मेरे ध्वस्त हुए,
महीनों में मैं घर आयी, अडोसी पड़ोसी डर रहे,
देख खुद को आईने में, पैरो तले ज़मीन खिसकी थी,
हस्ती मेरी मिट चुकी थी, पहचान मेरी छीन चुकी थी,
दुनिया थी अब उजाड़ मेरी,
रूह बस अब शेष बची थी,
जिसने मिटायी पहचान मेरी, जिसने मिटायी हस्ती मेरी हैवान वो आजाद घूम रहा था,
अपनी हैवानियत पर ख़ुश हो रहा था,
मिटा कर मेरी हस्ती वो खुद पर नाज़ कर रहा था,
तू मेरी नहीं तो तेरा अस्तित्व मिटा दिया,
कर ऐसा वो सुकून पा रहा था,
नफ़रत में मैं जल रही थी, बदले की अग्नि में झुलस रही थी,
मिटायी जिसने मेरी हस्ती,
उनको ना मैं चैन से जीने दूंगी,
आवाज बनूँगी हर अपनी जैसी महिला की,
खुद को गुमनामियों के अंधेरों से निकाल लूँगी,
अब अपनी पहचान खुद बनाऊंगी,
ये एक अंत नहीं प्रारम्भ है मेरे जीवन का,
माना कि खोयी है पहचान अपनी,
पर अब नयी पहचान बनाऊंगी,
लोगों की मानसिकता को परिवर्तित कर,
खुद और अन्य को भी सम्मान दिलवाऊंगी मैं.......।

प्रेम की ज्योत

मेरे मन मंदिर में बसने वाले श्याम,
जगत के स्वामी अन्तर्यामी करुणा के धाम,
आ बसों मेरे मन मंदिर में प्रेम की ज्योत जलाओ।
दया के सागर प्रेम के गागर,
आ बसों मेरे नयनों में तुम स्वप्न दीप बन कर,
जला दो प्रेम की ज्योत, बन जाओ मेरे जीवन की ज्योति,
आ जाओ कृष्णा मेरे मन मंदिर में प्रेम की ज्योत जलाओ।
मेरे जीवन में अनंत कष्ट कृष्णा, कोई नहीं साथी अपना,
हर कष्ट मन तन का मिटा कर बन जाओ मेरे कृष्णा,
आ जाओ मेरे मन मंदिर में प्रेम की ज्योत जलाओ।
सूना है मन का द्वारा, खाली है झोली मेरी,
बन जाओ मेरे जीवन की डोर कृष्णा,
आ जाओ मेरे मन मंदिर में प्रेम की ज्योत जलाओ।
हे कृष्णा! बरसों से मुझे है इंतजार तेरा,
दिखा दो अपना दृश्य एक बार कृष्णा,
आ जाओ मेरे मन मंदिर में प्रेम की ज्योत जलाओ।
पीड़ित मन मेरा, हर पल इंतजार है तेरा,
बन जाओ औषधि मेरी पीड़ा की तुम कृष्णा,
आ जाओ मेरे मन मंदिर में प्रेम की ज्योत जलाओ।
मेरी आँखों में बस बसता एक तेरा ही चेहरा है,
बन जाओ आईना मेरा,
आ जाओ मेरे मन मंदिर में प्रेम की ज्योत जलाओ।
मेरे हर सुर में है बस तेरा ही नाम कृष्णा,

बन के बाँसुरी होंठों पर आ जाओ मेरे कृष्णा,

आ जाओ मेरे मन मंदिर में प्रेम की ज्योत जलाओ।

जीवन है उदास कृष्णा हर पल है मुश्किल जीना,

बन जाओ मुस्कान मेरी साँसो में तुम बस जाओ,

आ जाओ मेरे मन मंदिर में प्रेम की ज्योत जलाओ।

हर पथ कठिन है कृष्णा, जीवन है पतझड़ ओ कृष्णा,

बन के बसंत आ जाओ एक बार कृष्णा,

आ जाओ मेरे मन मंदिर में प्रेम की ज्योत जलाओ।

जीवन की गोधूली

बुढ़ापा क्या है, उम्र का वो दौर है जो तजुर्बे की चादर ओढ़े आता है,
जीवन की वास्तविकता क्या है, ये वक्त हमको समझाता है,
हम क्या है, कौन है हम, हमको हमसे मिलवाता है,
कुछ अनकहे किस्सों का सच हमको ये बताता है।

बचपन से जवानी तक बहुत थे संगी साथी,
पलक झपकते ही दिन से रात हो जाया करती थी,
भाग रहा था खुद से बस, खुश होने का भी वक्त नहीं था,
हर दिन क्या था तपती धूप के जैसा, पल भर में बीत जाता था।

हर दिन अनुभव के दिन थे, फिर भी सोचने का वक्त नहीं था,
आज बुढ़ापा आया है वक्त भी शनैः शनैः जाता है,
अनुभवों की एक नई चादर ओढ़े अंतिम पहर ये जीवन का लाया है।

बिल्कुल एकाकी अपना जीवन बन गया है,
जिन बच्चों के लिए जिए सदा ही अब उन पर अपनों के लिए वक्त नहीं है,
निष्क्रिय तन, थका हुआ मन अब कुछ करने का भी हुनर नहीं है।

जीवन अब जैसे भुज गया है अंधकार में अपना घर हुआ है,
निराशा के काले बादल छाए इस मन पर,
अब इस मंददीप के बुझने का इंतजार हुआ है।

एक दिन मैं यूंही कहीं गुनगुनाना रहा था,
खुद को अपने बचपन में पाने लगा था,
लोगों को मेरा ये छुपा हुनर पसंद आने लगा था,
शायद आज मैं खुद बच्चा बन गया था, फिर से जिंदगी को जीने लगा था,
फिर से अपने दोस्त बनने लगे थे, अब हम महफिलों में भी शमा जलाने लगे थे,
अब मैं खुद से मिलने लगा हूं, अंतिम पड़ाव में भी जीने लगा हूं।

पूजा साँवरिया

सच है बुढ़ापे से कड़वा कोई सच नहीं है,

पर इससे सुंदर कोई बचपन नहीं है,

चाहो तो खुद से खुद को मिलवा सकते हो तुम,

जीवन में एक नया आयाम ला सकते हो तुम,

जीवन जिंदा दिली का नाम है, सच में जीवन खुद जीने का नाम है.....।

जिंदगी जी ले ज़रा

उम्र ढली है तो क्या, जिंदगी जी ले जरा,
सफेद हो गई है सिर जमी तो क्या, रंगीन कर ले जिंदगी जरा....
लाख मुश्किल है राह में तेरे लिए,
खो ना तू अपने आज को कल के लिए,
जिंदगी एक बार ही मिलती है रब से हमें, खुशनुमा कर ले जिंदगी जरा,
उम्र ढली है तो क्या, जिंदगी जी ले जरा......
जिम्मेदारियों तले ना मुसकुराना छोड़ दे, ये तो ताम्र साथ चलती जायेंगी,
दिन तेरे ज़िंदगी के ढल जायेंगे, गोधूलि में हम अकेले रह जायेंगे,
हर पल जिंदगी को मुस्कुरादे जरा, फिर जीवन की लौ यूँ बुझ जायेगी,
उम्र ढली है तो क्या, जिंदगी जी ले जरा....
जीवन के पथ पर परीक्षा अधिक है,
सुख पल दो पल का है साथी, दुःख एक घनी छांव है जिंदगी,
ना खुद को मिटा, अपनी हस्ती तू बना,
पल को तू यादगार बना फिर जिंदगी की गाड़ी छूट जायेगी,
उम्र ढली है तो क्या, जिंदगी जी ले जरा....
ना सोच तू ये तुझे क्या मिला, सोच तुझे कृष्णा ने क्या क्या दिया,
देख दूसरों के दुःख और कर शुक्राना प्रभु का,
इतना सब कुछ मिला, इतना सब कुछ मिला,
शोक को त्याग और जी ले जिंदगी, फिर ना ये जिंदगी मिलेगी तुझे,
उम्र ढली है तो क्या, जिंदगी जी ले जरा....

पायलट की उड़ान

उड़ान! यूँ ही चला था जीवन के सफर पर,
उड़ना चाहता था पंछी के जैसे,
छूना चाहता था आसमान की बुलंदियों को,
छूना चाहता था उन बादलों को,
खुले अंबर में स्वतंत्र उड़ना चाहता था,
अनकहे सपने लिए बस ज़िन्दगी की उड़ान उड़ना चाहता था,
यूँ ही चल पड़ा था हजारों सपने आँखों में लिए अपने,
अपने वजूद की तलाश में,
ऊंचा, बहुत ऊंचा आसमान की बुलंदियों को छूने की दौड़ में,
देखा था जो बंद आँखों से आज पूर्ण हुआ सपना मेरा,
सच में मैं आज आसमान की बुलंदियों को छू रहा था,
एक बहुत बड़ी जिम्मेदारी को लिए चल रहा था,
कहने को एक सफर था किन्तु आसान नहीं था,
अनेकों जीवन के सफर को साथ लिए चल रहा था,
उनके लिए मैं एक उम्मीद था उस वक़्त,
जो उनको सुरक्षित मंजिल पर पहुंचाने का वादा कर चल रहा था,
आसान नहीं था हजारों को उनकी मंजिल तक सुरक्षित पहुंचाना,
बस चल रहा था, बस चल रहा था........
आसान नहीं था किसी अजनबी पर विश्वास कर धरती से आसमान तक उड़ना,
बस चल रहा था, बस चल रहा था.....

अनजान राही

अकेले चलते चलते राह में कोई मिल गया है

अनजान कोई अपना सा बन गया है

बेखौफ मन सब कहने लगा है

अकेले चलते चलते राह में कोई मिल गया है...

लगा जीवन अब कुछ मुसकुराने लगा है,

तनहाइयों में भी अब सुकून मिलने लगा है,

अकेले चलते चलते राह में कोई मिल गया है,

प्रेम की डोर से बना, शायद कृष्णा का बनाया सुंदर रिश्ता है,

कहते है जिसे बंधन ऐसा जन्मो जन्मों का रिश्ता है,

प्रेम की डोर से बंधी ये जोड़ी है,

कहते है जिसे समर्पण, अर्पण ये वो नाज़ुक डोरी है,

अकेले चलते चलते राह में कोई मिल गया है...

प्रेम की अद्भुत छवि जिसमें,

वो बेगाना भी अब अपना सा लगता है,

उसका हर स्पर्श शीतल हवा का झोंका लगता है,

बारिश की हर बूँद में प्रेम दीवाना होता है,

अकेले चलते चलते राह में कोई मिल गया है,

जीवन की भोर अब चहक उठी है,

हर रात सुहानी लगती है,

जीवन के कठिन सफ़र में भी हर राह सहज लगती है,

अकेले चलते चलते राह में कोई मिल गया है,

ये जन्मो का बंधा ज़ो बंधन है,

हर दुःख में साथ निभाता है,

फूल मिले या काँटे मिले, हर दर्द में साथ खड़ा हो जाता है,
दो मनों से जुड़ा ये रिश्ता अब संगम बन जाता है,
अकेले चलते चलते राह में कोई मिल गया है,
कोई बेगाना अब अपना सा लगने लगा है.....

मुसाफ़िर चलते जाना

मुसाफ़िर चलते जाना ज़िंदगी की जंग तुम लड़ते जाना,
मुसाफ़िर चलते जाना...।
राह में मिले जो काँटे उन काँटों को हटाते जाना,
मुसाफ़िर चलते जाना...।
जीवन के अग्नि पथ है, हर परीक्षा को पार कर जाना,
मुसाफ़िर चलते जाना...।
नहीं मिलेगा ये जीवन दुबारा हर पल कुछ सत्कर्म करते जाना,
मुसाफ़िर चलते जाना...।
मिले राह में दीन दुःखी, उनके दुःख को अपनाना,
मुसाफ़िर चलते जाना...।
जीवन डोर पतंग के जैसी इसे मंज़िल तक पहुँचाना,
मुसाफ़िर चलते जाना...।
राह में आयें कितनी भी मुश्किल बस बड़ते जाना,
मुसाफ़िर चलते जाना...।
ना डरना कभी ना रुकना कभी बस अपनी मंज़िल को पाना
मुसाफ़िर चलते जाना...।
कमजोर ना समझ खुद को, हर तूफान से लड़ जाना,
मुसाफ़िर चलते जाना...।
आत्मबल को द्रण कर विश्वास की ज्योति जलाना
मुसाफ़िर चलते जाना...।
मिले अनमोल जीवन को पुण्य करमों में लगाना
मुसाफ़िर चलते जाना...।

आसमां

ऐ आसमां तू गुनगुनायें, नीली चादर ओढ़े तू इतरायें,
रूप तेरा ऐसा अनोखा तुझे देख चाँद भी शरमाये,
दिन रात की शोभा तुझसे, चाँद तारो की शोभा तुझसे,
तेरा रूप सुहाना ऐसा, तुझे देख धरा भी जगमगाये,
ऐ आसमां तू गुनगुनायें.....॥॥

धरती पर तेरी दृष्टि पड़ती जब जब, मेरी धरती उज्ज्वल होती तब तब,
सूरज चाँद तेरे वो साथी, जिससे जगमगातीं है मेरी धरती,
तेरा हर पल रंग बदलते चेहरे, मेरी सृष्टि को तू आकर्षित बनाते
धूप छाँव से तू खेले आँख मिचौली, जिससे मिले सुकून हर मन को,
ऐ आसमां तू गुनगुनायें ....॥॥

अद्वितीय आसमां निराला, जहाँ पंछी झूमे गायें,
तेरा बादल बन बरसना, गुलज़ार चमन ये होता है,
सतरंगी तेरी दुनिया कृष्णा की सबसे भव्य रचना,
तेरे लावण्य रूप अनोखा, नारी का सुंदर चेहरा,
ऐ आसमां तूँ गुनगुनायें......॥॥

ऐ सुने आसमां तू हर मन की पीड़ा कहती,
तेरी छाया में सारी दुनिया सुख का अनुभव करती,
पड़े भोर जो तेरी मेरी दुनिया पर, चमचमातीं मेरी हर बस्ती तब,
उज्ज्वल होता धरती का कोना कोना, प्रफुल्लित होता मन आँगन,
ऐ आसमां तू गुनगुनायें........||||

ऐ सतरंगी आसमां, इंद्रधनुष से सजी तेरी संध्या,
देती संदेश सबको, खुद को शांति, प्रेम, त्याग में तुम संग लो,
कृष्णा का है तू करिश्मा तुझसे जन्नत है ये दुनिया,
सबकी मुस्कान का तू कारण, तुझसे जगमग है ये दुनिया,
ऐ आसमां तू गुनगुनायें........|||||

दो पल की है जिंदगी

ज़िंदगी दो पल की है हँसते गाते जायेगी,
क्यू करता है कल की चिंता, एक पल में मिट जायेगी,
ज़िंदगी है भोर सुनहरी, क्षण भर में मिट जायेगी,
बन जा मुस्कान किसी की, यूँ ही बीत जायेगी,
ज़िंदगी दो पल की है हँसते गाते जायेगी.......
जीवन है रैन बसेरा, हम सबको एक दिन जाना है,
कर्मों को अनमोल बना ले, ये ही संजीव ख़ज़ाना है,
ज़िंदगी दो पल की है हँसते गाते जायेगी....
ज़िंदगी है धूप छाँव सी, हर पल रंग बदलती है,
हर पल को तू हंसकर जी ले, जाने कब ये मिट जायेगी,
ज़िंदगी दो पल की है हँसते गाते जायेगी....
जीवन है काँटों की शय्या, हर पल एक चुनौती है,
हर पल को यादगार बना ले, ना जाने जीवन कितने पल का है,
ज़िंदगी दो पल की है हँसते गाते जायेगी.....
जीवन शीत हवा का झोंका, ना जाने कब बादल बन उड़ जायेगी,
किए कर्मों की याद वही मरने के बाद रह जायेगी,
ज़िंदगी दो पल की है हँसते गाते जायेगी........

कवि क्यों कविता करते हो

किसी ने पूछा हे कवि तुम क्यों कविता करते हो, क्यों कागज पर अपने शब्दों से भरते है अभी, कवि अपनी भावना को कुछ इस तरह से कहता है

कवि क्यों तुम कविता करते हो,
क्यों अपने मन के भावों को शब्दों में अलंकृत करते हो,
मैं अन्तर्मन की हर पीड़ा को शब्दों में बयां जब करता हूं,
मिलते जो सुकून के पल है वो अविस्मरणीय होते है,
कवि क्यों तुम कविता करते हो…
मैं अपने हर सुख दुःख को जब शब्दों की माला में पिरोता हूं,
मेरे मन का हर दुःख सुख मानो कृष्णा जी के चरणों में समर्पित होता है,
कवि क्यों तुम कविता करते हो….
अन्य के दुःख को देखकर जब मेरा मन रोता है,
उनके दुःख को शब्दों में पिरोकर जो सुख का अनुभव होता है, वो अवर्णनीय होता है,
कवि क्यों तुम कविता करते हो….
जब मायूस होता है मन मेरा, और जीवन अन्धकार में दिखता है,
अपने मन के भावों को शब्दों में कहने से जीवन में उजियारा दिखता है,

कवि क्यों तुम कविता करते हो…..
ये जीवन दिया कृष्णा का, ये साँसे वारी कृष्णा ने,
कृष्णा के लिए कुछ शब्दों को कहने से जन्नत का अनुभव होता है,
इसलिए मैं कविता करता हूं, आपने अन्तर्मन के भावों को शब्दों में पिरोता हूं।

क्षमा करो इस जग को नारी

क्षमा करो इस जग को नारी, जिससे इतना अपमान सहा तुमने,

कहते है वंदनीय तुम हो नारी, फिर क्यों इतना तिरस्कार मिला तुमको,

सब कहते है अब पुरुष से आगे नारी है, उसकी हर क्षेत्र में भागीदारी है,

नारी शक्ति करण का रूप है तू, फिर भी आज भी डर में नारी है,

आज भी साझ ढले तक घर आना, हर माँ की बस यही जुवानी है,

क्षमा करो इस जग को नारी.......

जीवन का हर बोझ सहा तुमने, अपनी हर ममता वारी तुमने,

तुम्हीं इस जग की उत्पत्ति का कारण हो, फिर क्यों मिली इतनी अवज्ञा क्यों.....

माना आजीवन मर्यादा पुरुषोत्तम राम रहे,

क्या माँ सीता को वन भेज, उनपर ना ये जुर्म हुए,

क्यों देनी पड़ी परीक्षा माँ को, क्यों दर दर, वन वन फिरी थी वो,

क्षमा करो इस जग को नारी......

नारी यदि सच में श्रद्धा है, फिर क्यों भरी सभा में द्रोपदी का चीरहरण हुआ,

अपने ही पतियों के भ्राता से, भरी सभा में चीरहरण हुआ,

इतना अपमान निरादर क्यों अपनों के होते तुझे मिला, क्षमा करो इस जग को नारी....

जिससे इतना अपमान सहा तुमने, कहते है पुरुषों की शक्ति है नारी,

क्या सच में देवी है नारी,

निर्भया एक छोटी बच्ची ने, अपनी यौवन उम्र में कितने सितम सहे,

क्षमा करो तुम भारत की बेटी,

जिसने भारत भूमि से जन्मे पुत्रों से जुर्म सहे,

शर्मिंदा हुए है वो हर अभिभावक, जिसके लाल ने ये सितम किये,

क्षमा करो इस जग को नारी, जिससे इतना अपमान सहा तुमने......

छोटा सा आशियाना

ना जमीं चाहिये ना आसमां चाहिये,
बस अपना एक छोटा सा आशियाना चाहिये,
कोई अपना कहने वाला हो,
कोई मेरा भी इंतज़ार करने वाला हो,
ना जमीं चाहिये ना आसमां चाहिये,
कोई मेरा भी साथ निभाने वाला हो ऐसा साथ चाहिये....
किसी के साथ हो मीठी यादों के पल,
प्रेम के पल, रूठने मानने के पल,
ना जमी चाहिये ना आसमां चाहिये,
कोई मेरा भी इंतज़ार करें वो साथ चाहिये....
मेरे गम साथ बाँटे, मेरे सुख साथ बाँटे,
हो कोई अपना जो मेरे साथ मुसकुराये,
ना जमीं चाहिये ना आसमां चाहिये,
मेरे दुःख में जो रोये ऐसा साथ चाहिये....
जिसका साथ हो तो ज़िंदगी झूमे मुसकुराये,
जिसके साथ से जीवन में सुकून मिल जाये,
ना जमीं चाहिये ना आसमां चाहिये जो जीने की वजह हो ऐसा साथ चाहिये.....
सुख के तो सभी होते है साथी,
जो मेरे दुःख को अपना बना ले ऐसा साथ चाहिये,
ना जमीं चाहिए ना आसमां चाहिये,
मुट्ठी भर अपनों का प्यार चाहिये....

रिश्तों की बगिया

कृष्णा! रिश्तों की कैसी क्यारी सजायी है कभी मिलन है विदाई है,

ये कैसी लीला रचाई है हर रिश्तों में मिलन है जुदाई है,

जिस आँगन में पली बड़ी हुई जिस ममता की छाँव थी बचपन मेरा,

दिन जिनसे शुरू हर रात उन्हीं से होती थी पूरी,

बहनों संग होती थी बतिया भाई था मेरे दिल का टुकड़ा,

जिन सखियों संग बचपन जिया अपना, यौवन में मिली उन्हीं से विदाई है,

ये कैसी घड़ी आयी है कभी मिलन है विदाई है।

ना देखा, ना जाना जिसको, परिवेश संस्कार अलग थे जिसके,

अलग पहचान थी जिसकी, मिली उस अनजाने की पहचान थी मुझको,

बांधी अजनबी संग जीवन की डोर मेरी, ये कैसी घड़ी आयी है अपनों संग जुदाई है,

कृष्णा! ये रिश्तों की ये कैसी बगिया सजायी है कभी मिलन है विदाई है।

एक पल में अजनबी से बना वो जीवन मेरा, बांटा जिसके साथ सब कुछ अपना,

उनका हर रिश्ता अब बन गया अपना,

ये कैसी घड़ी आयी है अपनों से हुई जुदाई है,

अब उनके साथ मिलन ऋतु आयी है,

कृष्णा! ये कैसी क्यारी सजायी है, कभी मिलन है विदाई है।

पल भर में बदलते है रिश्ते सारे,

एक अनजाना अब अपना सा लगता है,

शाश्वत है मिलन बिछोर कृष्णा,

मुश्किल है स्वीकार करना कभी ना कभी किसी एक से जुदाई है,

ये कैसी घड़ी आयी है कभी मिलन है जुदाई है,

कृष्णा! रिश्तों की कैसी क्यारी सजायी है कभी मिलन है विदाई है......।

आत्म सारांश

मायका

जिस आँगन में पलीं बढ़ी, जिस छाँव में मेरा बचपन बीता,

ममता की छत्रछाया थी मुझ पर, प्रेम, स्नेह दुलार भरा जहाँ,

हर चिंता से बेगाना जीवन, मौज मस्ती से भरा था जीवन,

बहन भाई का आपर प्रेम जहाँ था,

जीवन का आधार है मेरा, माँ का घर है, मायका है मेरा।

मित्रों के साथ थे खेल खिलौने बचपन मेरा,

यौवन में अट खेली थी सखियों संग,

हर चिंता से बेगाना जहाँ जीवन,

जो जीवन का आधार है मेरा, माँ का घर है, मायका है मेरा।

आज भले ही बाबुल का घर आँगन छूटा, किसी अजनबी से रिश्ता जुड़ा है,

अन्य के घर की लक्ष्मी कहलाती मैं हूँ, फिर भी माँ का घर अब भी मेरा है,

वहाँ मिलते कुछ सुकून के पल है,

जो जीवन का आधार है मेरा, माँ का घर है, मायका है मेरा...।

भाई से मिलते जो स्नेह के पल है, वो अविस्मरणीय, अकथनीय पल है,

भाभी की वो माँ सी ममता, जीवन का सबसे सुंदर सुख है,

बच्चों के साथ मौज है मस्ती, मेरे जीवन की सब चिंताये मिटती है,

वो जीवन का आधार है, मेरा माँ का घर, मायका है मेरा...।

आज भी सब ज़िम्मेदारियों से जब मैं थक जाती हूँ,

जीवन में कुछ सुकून के पल मैं चाहती हूँ,

बस याद आता है जीवन का आधार जो मेरा,

माँ का घर है, जो मायका है मेरा ...।

पुनः बचपन को जी ले

ज़िन्दगी के सफर में आज थका सा है मन,
चलो आओ सखियों आज पुनः ज़िन्दगी को जी ले.....
चलो आज अपने चंचल मन को पुनः जीवित कर ले,
माना मर गयी है उमंग अपनी जिम्मेदारियों के नीचे,
आ फिर आज हर उमंग को पुनः जीवित कर ले,
चलो आओ सखियों आज पुनः ज़िन्दगी को जी ले......
चलो आज सखी, बुझे हुए मन को खुशियों से भर दें,
चलो आज फिर से बचपन को जी ले,
फिर सखियों संग झूमे और गाये,
ज़िन्दगी के हर लुफ्त फिर से उठायें,
चलो आज फिर से सावन के गीत गाये,
चलो आओ सखियों आज पुनः ज़िन्दगी को जी ले....
सबकी ख्वाइशो को पूरा करते करते,
रह गए ज़िन्दगी के हर सपने अधूरे,
चलो सखियों पुनः अपने सपनों को पूरा कर लें,
पुनः अपने सपनों के अध्याय को खोलें,
फिर सपनों की हर परीक्षा को दे दें,
शायद अब हो जाये अपने अधूरे सपने पूरे,
मिल जाये अपनी मंजिल हम को सखी,
मिल जाये सपनों को फिर से उड़ान, फिर से उड़ान,
चलो आओ सखियों आज पुनः ज़िन्दगी को जी ले....
जीवन के सफर में दी है हर कदम पर अनेकों परीक्षाएं,
जिये सबके लिए ज़िन्दगी को, ना सोचा कभी अपने लिए कुछ भी,

चलो आओ सखियों आज पुनः ज़िन्दगी को जी ले...
ज़िन्दगी के कुछ पल अपने लिए भी जी ले,
उठा ले लुफ्त कुछ पल ज़िन्दगी के हम भी,
फिर ये पल पुनः मिले ना मिले,
चलो आओ सखियों आज पुनः ज़िन्दगी को जी लें...

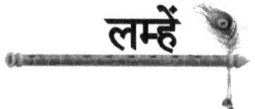

लम्हें

लम्हे, लम्हे जी ले तू ज़रा,

आज है कल हो ना हो किसको क्या पता,

लम्हे, लम्हे जी ले तू ज़रा....

क़ैदकर लो हर लम्हों को यादों में अपने, यादगार बना लो हर पल को जीवन में अपने,

कल की क्या पता हम हो या ना हो,

लम्हे, लम्हे जी ले तू ज़रा...

बन जा तू बगिया महका ले खुद को, अपनी ख़ुशबू के फूल महका दे जग में,

हर पल को यादों का कारवाँ बना दे,

क्या पता कल की रह जाये यादें,

लम्हे, लम्हे तू जी ले ज़रा......

बन जा किसी का, अपना बना ले किसी को,

कब छूट जाये ज़िन्दगी का सफ़र किसी को क्या पता,

लम्हे, लम्हे जी ले तू ज़रा...

ला दे तू मुस्कान किसी के चेहरे पर, देख फिर तुझको मिलता कितना सुकून है,

होंगे वो पल यादगार पर, जब खिल उठेगा किसी का चेहरा,

लम्हे, लम्हे तू जी ले ज़रा.....

कुछ नेकी तू कर जा, जो यादें रह जाये तेरी, तेरे जीवन के बाद भी कमी रह जाये तेरी,

हर पल को तू जी ले ज़रा,

आज है कल हो ना हो किसको क्या पता,

लम्हे, लम्हे जी ले तू ज़रा....

मन के झरोखों में

मेरे मन के झरोखों में तेरी प्यारी सूरत बसती है,
मेरी हर निंदिया में तेरी न्यारी मूरत बसती है,
जब ना देखूँ मैं तुझको बेचैन उठता है मन मेरा,
तेरे एक दीदार से झूम उठता है तन मेरा,
देख तुझे उठ जाती है मौजें मन में मेरे,
दीवाना पागल हो उठता है तन मेरा,
मेरे मन के झरोखों में तेरी प्यारी सूरत बसती है.....
प्यार मेरा सागर से गहरा, तुझसे जो मैं करती हूँ,
विश्वास मेरा तुझपर रब से गहरा जैसा मैं कृष्णा पर करती हूँ,
इस भीड़ भरीं दुनिया में मैं प्यार तुझसे करती हूँ,
मेरे मन के झरोखों में तेरी प्यारी सूरत बसती है....
दिन तुझसे शुरू होता है मेरा, रात सुहानी तुझसे होती है,
होंठों पर तेरा नाम सदा, मन में तेरी सूरत बसती है,
एतबार मेरा तुझपर रब जितना जो मैं तुझपर करती हूँ,
मेरे मन के झरोखों में तेरी प्यारी सूरत बसती है.....

प्रेम मेरा राधा से गहरा जो मैं तुझसे करती हूँ,
मन के दर्पण में बस तुझे निहारा करती हूँ,
मेरी हर इबादत में बस नाम तेरा ही जपती हूँ,
मेरे मन के झरोखों में तेरी प्यारी सूरत बसती है...

वजूद

दर बदर फिर रहीं हूँ मैं,
अपने वजूद की तलाश में,
ऐ रिमझिम बारिश की बूँदें बता दे,
मेरी पहचान है क्या,
ढूंढती हूँ अपने वजूद को यहाँ से वहाँ
ढूंढती हूँ अपनी पहचान को खुले आसमान में,
बता दे कृष्णा, मेरी पहचान है क्या,
जन्म लिया माँ के घर,
बने पहचान मेरे पिता,
उनके साये में अपना बचपन बिता दिया,
उन्हीं की पहचान में अपनी पहचान मान ली,
पर बताओ कृष्णा, मेरी अपनी पहचान है क्या, है क्या,
ढूंढती हूँ अपने वजूद को यहाँ से वहाँ,
ढूंढती हूँ अपने वजूद को हँसीं वादियों में,
ऐ नदियाँ तू ही बता दे मेरी पहचान है क्या,
मेरी पहचान है क्या, मेरी पहचान है क्या...
यौवन में पति की पहचान से मिली पहचान,
मान लिया अब वही है जीवन की पहचान,
पर क्या सच में अपनी नहीं कोई पहचान,
नहीं कोई पहचान,
ढूंढ़ती हूँ अपने वजूद को अपनी लेखनी में मैं,
कृष्णा बता दे है मेरी पहचान है क्या
मिले जीवन में कृष्णा से अनमोल रत्न मुझे,

सम्पूर्ण हुआ जीवन मेरा,
मिली माँ की एक पहचान मुझे,
सच में जीवन झूम उठा,
मिली एक मुस्कान,
पर कृष्णा बताओ मुझे मेरी अपनी पहचान है क्या,
ढूंढ़ती हूँ अपने वजूद को चाँद तारों की रौशनी में मैं,
तलाश रही हूँ अपने वजूद को दर बदर,
क्या है पहचान मेरी ....?
क्या है पहचान मेरी ....?

पल दो पल

पल दो पल का जीवन है ये, पल दो पल की जवानी है।
बन जा तू मुस्कान किसी की, पल दो पल की कहानी है।।
पल दो पल का जीवन है.....
जीवन है काँटों का मेला, ख़ुशियाँ आनी जानी है,
बन जा तू पहचान किसी की, ये पल दो पल की जवानी है।
पल दो पल का जीवन है.....
जीवन का हर दिन प्यारे, तपती धूप के जैसा है।
हर पल है काँटे ही काँटे, सुख बस एक छलावा है।।
बन जा तू खेवनहार किसी का, पल दो पल की रवानगी है,
पल दो पल का जीवन है ये, पल दो पल की जवानी है।
देख लोगों के पास दर्द है कितना,
जीवन में कष्ट है कितना,
बन जा हर दर्द की दवा तू, पल भर की जिंदगानी है,
पल दो पल का जीवन है ये, पल दो पल की जवानी है...
जीवन हर पल रंग बदलता, नये रूप दिखलाता है,
सुख को देखो तो वो भी बादल बन कर छुप जाता है,
नीर बनकर बरस जाओ तुम, छोटी सी ये ज़िंदगानी है,
पल दो पल का जीवन है ये, पल दो पल की जवानी है।
बन जा तू मुस्कान किसी की, पल दो पल की कहानी है।।
पल दो पल का जीवन है ...।।

आक्रोश

बहती नदी का पानी हूँ मैं,
जलता हुआ एक सितारा हूँ मैं,
रोके ना मुझको कोई भी यहाँ,
जलता हुआ अंगारा हूँ मैं,
बहती नदी का पानी हूँ मैं,
हवा के विपरीत मेरे जीवन का रुख़ है,
घटाओ के विपरीत मेरे मन का रुख़ है,
रोको ना कोई उड़ने से मुझे,
उड़ता हुआ एक परिंदा हूँ मैं,
बहती नदी का पानी हूँ मैं...
माना की जीवन में हलचल मची है,
द्रवित मन में खलबली मची है,
रोको ना कोई मुझे यहाँ,
बंजारन सी फिरता है मन मेरा,
बहती नदी का पानी हूँ मैं....
हर दिन उदास मेरे जीवन का है,
हर रात रंगहीन मेरे जीवन की है,
बेचैन मेरा मन है यहाँ,
रोको मैं कोई मुझको यहाँ,
टूटा हुआ एक सितारा हूँ मैं,
बहती नदी का पानी हूँ मैं.....
आज मन में बदली सी छायी मेरे,
रिमझिम बरसते है नैना मेरे,

रोको ना कोई मुझको यहाँ,

फटा हुआ बादल हूँ मैं,

बहती नदी का पानी हूँ मैं...

जलता हुआ एक सितारा हूँ मैं,

खामोश मेरी दुनिया है सारी,

तूफान में कश्ती हमारी,

रोको ना कोई मुझको यहाँ,

सुनामी की लहरें हूँ मैं,

बहती नदी का पानी हूँ मैं...

बेजुबान

बेजबान तेरी अजब दास्तान है,
तेरा कितना कठिन जीवन कृष्णा ने दिया है,
ना सिर पर अपनी छत है,
ना अपनी जमी है,
फिर भी बेखौफ अपनी ज़िंदगी को तू जिये चला है,
बेजबान तेरी अजब दास्तान है...
ऐ पंछी.... तेरी चहचहाहट देती सुकून है,
अम्बर की अद्वितीय सुंदरता तू ही है,
धरा से अम्बर की दूरी को तू तय कर चला है,
तिनका तिनका जमाकर जो बनाया आशियाना तूने,
वो आज आँधी में उड़ सा गया है,
ये अजब दास्तान है....
बेजबान तेरी... ये अजब दास्तान है...
तेरा कितना कठिन जीवन कृष्णा ने दिया है,
ऐ मछली...ना धरती तेरी ना जमीं तेरी,
बस जल में ही है वास तेरा,
बढ़ायें शोभा सागर और नदियों की तू,
जल बिन ना जीवन संभव तेरा,
ये कैसी विडम्बना ये कैसी विवशता है,
बेजबान तेरी अजब दास्तान है...
तेरा कितना कठिन जीवन कृष्णा ने दिया है,
ऐ चींटी... तू कितनी नन्ही सी प्यारी सी,
कितना श्रम तू दाने दाने के लिए करती,

जाने कितनी बार तू गिरती संभलती है,
फिर भी कितना उत्साह तू अपने अंदर रखती है,
ऐ बेजबान... तेरी अजब दास्तान है...
ऐ स्वाँग... तेरे जैसा ना वफ़ादार जग में है कोई,
तेरे जैसा ना सेवक जग में है कोई,
फिर भी इतना तिरस्कार अवहेलना है क्यू तेरी,
बेजबान तेरी अजब दास्तान है...
तेरा जीवन कितना कठिन कृष्णा ने दिया है...

जिंदगी के पन्ने

धीरे धीरे से बदलने लगे है जिंदगी के पन्ने,
गहरी सांझ से ढलने लगे है जिंदगी के लम्हे,
पहले धूप सी खिलती थी जिंदगी, अब दीप सी बुझने लगी है जिंदगी,
धीरे धीरे से बदलने लगे है जिंदगी के पन्ने ....
पहले खुले आसमां में चहचहाती थीं परिंदे की तरह,
अब झट पटाती हूं बेबस इन पंखों के बिना,
धीरे से बदलने लगे है जिंदगी के पन्ने......
पहले दर्पण में खूबसूरत प्रतिबिम्ब था अपना,
अब दर्पण में दिखता है तजुर्बो का चेहरा,
धीरे धीरे से बदलने लगे है जिंदगी के पन्ने......
पहले रंगीन था जिंदगी का हर पन्ना,
अब रंगहीन हो गया है जिंदगी का हर लम्हा,
धीरे से बदलने लगे है जिंदगी के पन्ने......
कामयाबी जीने की वजह थी कभी
वक्त की रेत प्रवाह में खो गया वजूद कहीं
धीरे से बदलने लगे है जिंदगी के पन्ने ......
सतरंगी सपने देखें थे कभी इन खुली आंखों से,
खो गए सारे सपने कही वक्त के आगोश में,
अब तो स्वप्न रहित निंदिया है,
नयनों में ना कोई सपना है, हारा हुआ जीवन अपना है,
इंतजार है बस वक्त की करवट का, सोना है वक्त के आगोश में अब,
होना है फना, क्योंकि जीवन है एक सजा,धीरे से बदलने लगे है जिंदगी के पन्ने......

महफूज साया

ऐ पिता, तेरा साया ही काफी था महफूज रहने के लिए,
तेरा कंधा ही बहुत था अपना गम छुपाने के लिए,
क्यों छोड़ गए हो हमको इस बेदर्द दुनिया के लिए,
तेरी एक फटकार ही काफी थी मेरी हर गलती के लिए,
ऐ पिता! तेरा साया ही काफी था महफूज रहने के लिए,
हमने जाना बहुत बेरहम है ये दुनिया बिना तेरे, कही भी महफूज नहीं मैं साये बिना तेरे,
जब भी परेशान होता है मन मेरा, बस हर बार तुझे पुकारता है ये मन मेरा,
ना तेरा कंधा है, ना तेरा साया है, तेरे बिना ना मायका हमारा है,
ऐ पिता! तेरा साया ही काफी था महफूज रहने के लिए....
अपनी हर खुशियों में मैं तुमको खोजती हूं,
मैं अपने हर गम को तेरे साथ बाँटना चाहती हूं,
अपने हर अरमान मैं साथ तेरे पूरा करना चाहती हूं,
तेरे बिना सूना है मेरे मन का हर कोना,
फिर से तेरा साथ पाकर मैं जीवन जीना चाहती हूं,
ऐ पिता! तेरा साया ही काफ़ी था महफूज रहने के लिए...
इस कठिन जीवन में ना जानें कितने उतार चढ़ाव है, तेरे बिना हर गम बेमिसाल है,
आज भी जब मैं तन्हा होती हूं, चांद तारों में तुझे ढूंढती हूं,
सदा कृष्णा से पूछती हूं क्यों पिता के साये से महरूम किया हमको,
क्यों पिता के सुख से दूर रखा हमको,
क्यों हमारी गल तियों पर कोई समझाने वाला नहीं है, क्यों किसी का भी सिर पर साया नहीं है,
थक गई हूं इस बेदर्द दुनिया के आगे, आज भी तेरा साथ चाहती हूं,
ऐ पिता! तेरा साया ही काफ़ी था महफूज रहने के लिए...

नैना मेरे रिमझिम बरसे

जब एक सैनिक देश की सुरक्षा के लिए सीमा पर तैनात होता है, तब त्याग केवल उस सैनिक का ही नहीं होता है अपितु उसके पूरे परिवार का त्याग होता है, बिना एक बेटे, भाई या पति के बिना जीवन कितना मुश्किल होता है!!!

मैं पति के इंतजार में एक पत्नी की मनोदशा को कविता के माध्यम से प्रस्तुत करने की एक छोटी सी कोशिश कर रही हूं, उम्मीद है आप सभी को पसंद आयेगी!

नैना मेरे रिमझिम बरसे,

जैसे बरखा का पानी,

पीर मेरे नैनों से छलके,

जैसे मदिरा की प्याली,

नैना मेरे रिमझिम बरसे.......

तेरे बिना मैं हूं एक बंजारन,

फिरती हूं गलियारों में,

खो गया मेरा चैन कही है,

जिसे खोजती हूं गलियों में,

पीर ना समझे, मेरे मन की कोई,

मेरा मन खो गया कहीं पनघट पर,

व्याकुल है तेरी झलक को नैना, नैना बरसे रिमझिम रिमझिम,

नैना मेरे रिमझिम बरसे,

जैसे बरखा का पानी........

सावन में भी प्यासा है मन मेरा,

बारिश की बूंदों में भी तपता है तन मेरा,

पिया दर्शन को आतुर नैना,

बरसे जैसे सावन भादों,

पीर कोई ना समझें मन की,
बरसे रिमझिम नैना,
नैना मेरे रिमझिम बरसे,
जैसे बरखा का पानी........
साजन तुझ बिन मैं रातों को,
तकती रहती हूँ तारों को,
कब आओगे पिया तुम दर मेरे,
मैं रास्ता निहारा करती हूं,
देख के चांद की शीतलता को जलता है तन मेरा,
पिया मिलन को आतुर नैना,
बरसे रिमझिम रिमझिम,
नैना मेरे रिमझिम बरसे,
जैसे बरखा का पानी......
बसंत में भी सूखे पत्ते सा मन है मेरा,
हर क्षण जीवन में मेरे पतझड़,
व्याकुल है जीवन मेरा,
कोई ना समझे पीर मेरे इस नाजुक मन की,
नैनों में बदली है छाई, बरसे रिमझिम रिमझिम,
पिया दर्शन को आतुर खामोश मन ये मेरा,0
नैना मेरे रिमझिम बरसे जैसे बरखा का पानी.....

www.ingramcontent.com/pod-product-compliance
Lightning Source LLC
LaVergne TN
LVHW061547070526
838199LV00077B/6943
9789356217003